图说武当秘技系列

武当大力鹰爪功

铃丽兴 著

人民体育出版社

图书在版编目（CIP）数据

武当大力鹰爪功 / 铃丽兴著. -- 北京：人民体育出版社，2022（2025.5重印）
（图说武当秘技系列）
ISBN 978-7-5009-6130-7

Ⅰ.①武… Ⅱ.①铃… Ⅲ.①鹰拳—基本知识 Ⅳ.
①G852.18

中国版本图书馆CIP数据核字(2021)第260424号

武当大力鹰爪功

铃丽兴　著
出版发行：人民体育出版社
印　　装：天津中印联印务有限公司

开　本：880×1230　32开本　　印　张：8.25　　字　数：205千字
版　次：2022年11月第1版　　印　次：2025年5月第2次印刷
书　号：ISBN 978-7-5009-6130-7
印　数：3,001—4,500册
定　价：33.00元

版权所有·侵权必究

购买本社图书，如遇有缺损页可与发行与市场营销部联系
联系电话：（010）67151482
社　　址：北京市东城区体育馆路8号（100061）
网　　址：www.psphpress.com

丛书绘图组

高　翔　　丁亚丽

高　飞　　郭成敏

高　绅　　李梦瑶

总　序

2017年1月25日，中共中央办公厅、国务院办公厅印发了《关于实施中华优秀传统文化传承发展工程的意见》（以下简称《意见》），并发出通知，要求各地区各部门结合实际认真贯彻落实，体现了党和政府对中华优秀传统文化的重视。

在国民教育方面，《意见》提出，加强中华优秀传统文化相关学科建设，重视保护和发展具有重要文化价值和传承意义的"绝学"、冷门学科。在保护传承文化遗产方面，《意见》提出，推动民族传统体育项目的整理研究和保护传承。

中华武术有着数千年的发展历史，是中华民族在社会实践中创造的宝贵财富，是中华文化的重要组成部分。武当武术作为"内家之宗"，在武术爱好者中具有较高的认知度。正是基于此，我们策划了这套"图说武当秘技系列"丛书。丛书先期面世的有《武当秘传养生功》《武当道家八段锦》《武当太极擒拿手》《武当秘传点穴手》《武当大力鹰爪功》5本。

本套丛书种类齐全，既有养生法，又有技击术，还有大力功，精心选取与展现了丰富多彩的武当诸派秘技；注重练法，注重实效，突出"图说"，简明扼要，便于阅读和学习。丛书编写者都是武当武术相关的专家、学者、教授，他们既有自身体验，又有教学经验，既有很高的技术水平，又有很深的学术造诣。当然，不足之处在所难免，欢迎读者批评指正，以利今后进一步充实与完善。

内容提要

1. 元力功，乃武当大力鹰爪功第一类修炼法，也是鹰爪大力功的必修基本功。此功主练爪上五力，抓揪拧拉提；结合深长呼吸，不用练功工具；练法精简，功效明显。

2. 壮力功，乃武当大力鹰爪功第二类修炼法。此功主在强壮指爪，有四种练法，卧虎功、伏虎功、拿鼎功和鹰扑功，皆为俯身式，练法独特，增力明显。

3. 刚力功，乃武当大力鹰爪功第三类修炼法。选用小铁球两个，以手抓拿练功，一手抓一个。铁球坚硬，主练刚劲。

4. 柔力功，乃武当大力鹰爪功第四类修炼法。此功配备两只中型沙包，一手抓一只，锻炼鹰爪功。此功有成，两爪柔中有刚，绵里藏针；连环不断，后劲十足。

5. 韧力功,乃武当大力鹰爪功第五类修炼法。此功练法独特,功效独特,不但可使双爪坚刚有力,而且兼具柔绵之劲,非常适用于搏击时的抓拉撕扯与分筋错骨。

6. 黏力功,乃武当大力鹰爪功第六类修炼法。此功练成,其爪触敌,不但可使之皮开肉绽,筋伤骨损,而且其劲如胶,黏力十足,控力强大,敌难解脱。

7. 化力功，乃武当大力鹰爪功第七类修炼法。此功先练木球，次练石球，再练铁球。功夫到家，两手可旋动百斤铁球，弄之如弹丸。

8. 硬力功，乃武当大力鹰爪功第八类修炼法。此功使用特定的爪法，在木人身上练习各种抓击。经常练习，可增强出爪的攻击力、准确度与灵活性。

9. 玄力功，乃武当大力鹰爪功第九类修炼法。此功以意为主，远距作势；全身舒松，不使明劲。经常练习，有助于激发潜能，增强内劲。

 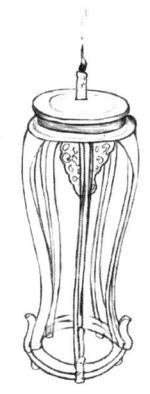

10. 武当鹰拳十三式，乃内家鹰拳秘传，动作别致，技法精湛，变化多端。多练此拳，多加体悟，自然能把功力与攻防融为一体，可有效提高搏击素质。

11. 鹰爪追魂十八手,乃武当鹰爪功用于技击的实用战例,是历代鹰拳高手实战的经验总结,攻防兼备,杀伤强烈,手手追魂,可一招制敌。

目　录

第一章　武当鹰爪元力功 / 2

　　一、鹰爪抓力 / 4
　　二、鹰爪揪力 / 11
　　三、鹰爪拧旋 / 14
　　四、鹰爪撑拽 / 24
　　五、鹰爪提物 / 27

第二章　武当鹰爪壮力功 / 32

　　一、卧虎功 / 34
　　二、伏虎功 / 41
　　三、拿鼎功 / 42
　　四、鹰扑功 / 44

第三章　武当鹰爪刚力功 / 52

一、两只小球两手抓 / 54
二、吐推吞拉圆转摩 / 54
三、滚钻争裹撑八面 / 58
四、腰如轴转臂旋绕 / 61
五、身似绳拧头顶悬 / 64
六、沿圈摆扣蹚泥行 / 67
七、调匀呼吸把功收 / 70

第四章　武当鹰爪柔力功 / 72

一、开功提包 / 74
二、通臂连环 / 75
三、双锁门闩 / 77
四、朝天敬香 / 77
五、扫云抱月 / 80
六、左右抡鞭 / 83
七、兜摆栽夹 / 84
八、雏鹰翻翼 / 87
九、调息收势 / 89

第五章　武当鹰爪韧力功 / 90

一、韧力开功 / 92
二、四平八稳 / 92
三、赶马三追 / 93
四、双手敛劲 / 94
五、进退滚压 / 95
六、弓步架拦 / 98
七、翻身滚压 / 101
八、扭手碾步 / 103
九、滚砸退归 / 104
十、夹合连滑 / 106
十一、滚压归初 / 107
十二、金鸡啄食 / 107
十三、坐马四平 / 108
十四、收功调息 / 111

第六章　武当鹰爪黏力功 / 112

一、荸荠功 / 114
二、葫芦功 / 117

第七章　武当鹰爪化力功 / 120

一、怀中抱月 / 122
二、推窗望月 / 123
三、白鹤亮翅 / 124
四、众星捧月 / 126
五、左右献月 / 128
六、日出昆仑 / 130
七、浪子踢球 / 132
八、海底捞月 / 135
九、二龙戏珠 / 136
十、倒撵猿猴 / 138
十一、五龙搅海 / 139
十二、鹿伏衔芝 / 141
十三、古树盘根 / 143

第八章　武当鹰爪硬力功 / 146

一、锁喉 / 148
二、扣腮 / 150
三、勾颔 / 151
四、抱球 / 152
五、压顶 / 152
六、扒骨 / 153
七、封颈 / 155
八、闭穴 / 156
九、勾按 / 157

十、撩扑 / 157

十一、顶按 / 158

十二、插腋 / 160

十三、掰肋 / 160

十四、撩裆 / 161

十五、搬膝 / 162

十六、搜踝 / 163

第九章　武当鹰爪玄力功 / 164

一、双爪敛阴 / 166

二、双爪吸珠 / 170

三、探爪采气 / 172

四、日精月华 / 173

第十章　武当鹰拳十三式 / 174

一、雄鹰出巢（起势）/ 176

二、雄鹰转身 / 179

三、鹰探日月 / 182

四、苍鹰盘旋 / 184

五、翻身抓雀 / 187

六、雄鹰追兔 / 189

七、鹞鹰翻身 / 193

八、鹰落平沙 / 196

九、雄鹰腾空 / 199

十、老鹰撕爪 / 203

十一、苍鹰抖翼 / 205

十二、雄鹰扑食 / 209

十三、夜鹰归巢 / 212

第十一章　鹰爪追魂十八手 / 216

一、格臂锁喉 / 218

二、拍腕扣腮 / 219

三、压臂插眼 / 221

四、抓拽锁骨 / 222

五、扭臂断肘 / 224

六、托臂掰肋 / 225

七、架臂扯裆 / 227

八、闪按脑勺 / 228

九、转身掏肛 / 229

十、下潜拽裆 / 230

十一、格腿拿穴 / 232

十二、游身捞裆 / 233

十三、锁喉旋摔 / 235

十四、双抓断肋 / 236

十五、抓腋压肩 / 238

十六、提裆推喉 / 239

十七、扑面破瓜 / 241

十八、捞膝按颈 / 242

第一章
武当鹰爪元力功

"元,始也","元力"是大力的开始,也是大力的根本。

元力功,乃武当大力鹰爪功第一类修炼法,也是鹰爪大力功的必修基本功。

此功主练爪上五力,抓揪拧拉提;结合深长呼吸,不用练功工具;练法精简,自学容易,功效明显。

练之可健肺益气,提高爪力,增强体能,为进一步修习鹰爪大力打下坚实可靠的基础。

一、鹰爪抓力

【练法】

1. 两脚并步直立，两掌垂于体侧；呼吸自然，意守丹田，调息1分钟。目视前方。（图1-1）

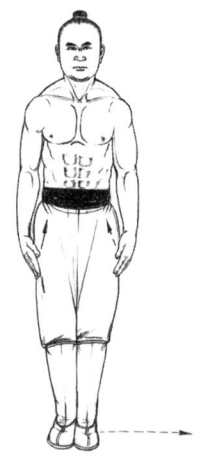

图1-1

图1-2

2. 以鼻吸气；左脚向左横开一步，两腿屈膝半蹲成马步；两掌屈指成爪，收于腰间。目视前方。（图1-2）

3. 以鼻呼气；两爪向前上方推出，掌根平肩，爪心向前。目视前方。（图1-3）

图1-3

图1-4

4. 吸气；两爪向外、向下、向里用力旋缠。（图1-4）

5. 吸气不停；缠至爪心向上时，屈指握拳。（图1-5）

图1-5

6. 吸气不停；两拳用力向后收拉，至下颌之前。（图1-6）

图1-6

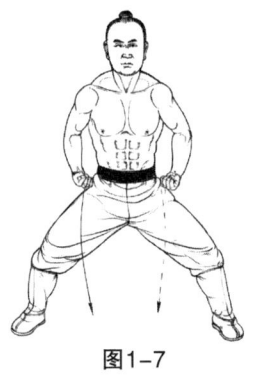

图1-7

7. 吸气不停；两拳下收，抱于腰际，拳心向上。目视前方。（图1-7）

8. 呼气；身体下沉，两拳变爪，向前抓按，指尖触地，虎口相对。目视前下。（图1-8）

图1-8

9. 吸气；两爪外旋，抓握成拳，拳心向上。（图1-9）

图1-9

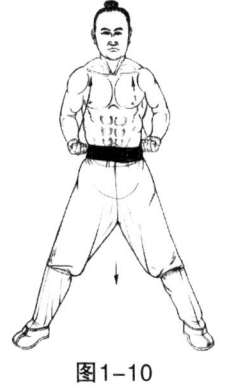

图1-10

10. 吸气不停；两拳用力上收，提至腰际；同时，两腿伸立，成大开步。目视前方。（图1-10）

11. 呼气；两腿屈膝半蹲成马步；两拳伸指变掌，上提至肩前，虎口对肩，肘尖斜向外垂。目视前方。（图1-11）

图1-11

12. 呼气不停；马步不变；两掌变爪向左右分展推开，掌根平肩，爪心向外。（图1-12）

图1-12

13. 吸气；两掌外旋，抓握成拳，稍向上提，拳面斜向上，拳心斜向里，约与耳平，两肘稍屈。（图1-13）

图1-13

14. 吸气不停；两拳用力向上、向里收至胸前，拳心向下，拳面相对，两肘平肩。（图1-14）

图1-14

图1-15

15. 呼气；两肘下垂，两拳成爪，上翻于两肩前上，爪心向上。目视前方。（图1-15）

16. 呼气不停；两爪用力向上伸臂，托举于两肩正上方。仰面，注视两爪。（图1-16）

图1-16

17. 吸气；两手外旋，抓握成拳，拳心向后，拳面向上。（图1-17）

图1-17

图1-18

18. 吸气不停；两拳用力下拉，至下颌两侧，肘尖下垂。（图1-18）

19. 呼气；两拳松指成掌，下垂体侧；两脚收拢，并步正立。（图1-19）

20. 调息1分钟。

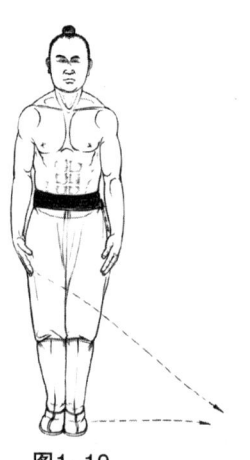

图1-19

二、鹰爪揪力

【练法】

1. 承接上式。呼气；左脚向左横开一大步，上体左转成左弓步；左掌变拳，收于左腰间；右掌向左脚前下插，掌心向左，指尖向下。目视右掌。（图1-20）

图1-20

图1-21

2. 吸气；右掌向右划弧，至右脚外侧，掌心向里，指尖近地；上体前俯，两膝伸直。目视右掌。（图1-21）

3. 吸气不停；右掌外旋，扣指成拳，用力揪提，至右腰外侧；上身立起。目视右拳。（图1-22）

图1-22

图1-23

4. 呼气；左拳变掌，向右脚前下插，掌心向右；同时，上身前俯，左腿蹬伸成右弓步。目视左掌。（图1-23）

5．吸气；左掌向左划弧，至左脚内侧，指尖近地。（图1-24）

图1-24

图1-25

6．吸气不停；左掌外旋，扣指成拳，用力揪提，至左腰外侧；上身立起。目视左拳。（图1-25）

7．呼气；两拳成掌，下垂体侧；两脚收拢，并步正立。（图1-26）

8．调息1分钟。

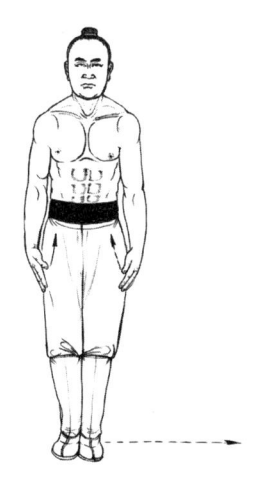

图1-26

三、鹰爪拧旋

【练法】

1. 承接上式。吸气；左脚向左横开一步，两腿屈膝半蹲成马步；两掌握拳，收抱腰际。目视前方。（图1-27）

图1-27

图1-28

2. 呼气；左拳不变；右拳变掌，向前直臂插出，高与肩平，掌心向下。（图1-28）

3. 吸气；右掌用力外缠成爪，爪心向左，虎口向前。目视右爪。（图1-29）

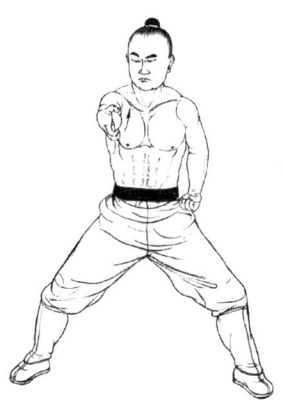

图1-29

图1-30

4. 吸气不停；右爪成拳，用力拉回，停于右锁骨前，屈臂垂肘。目视右拳。（图1-30）

5. 呼气；右拳下收抱腰；左拳变掌，向前插出，高与肩平。目视左掌。（图1-31）

图1-31

6. 吸气；左掌外缠成爪，爪心向右，虎口向前。目视左爪。（图1-32）

图1-32

图1-33

7. 吸气不停；左爪成拳上提，约与眼平，拳面向上；同时，马步下沉。目视左拳。（图1-33）

8. 呼气；马步稍起；右拳变掌，顺势向右插出，高与肩平，掌心向下；左拳用力下拉，收抱腰间。目视右掌。（图1-34）

图1-34

9. 吸气；右掌外旋成爪，虎口向右，臂与肩平。目视右爪。（图1-35）

图1-35

图1-36

10. 吸气不停；右爪成拳，用力拉回，拳面向上，约与鼻平，屈臂垂肘。目视右拳。（图1-36）

11. 呼气；右拳下收抱腰；同时，左拳变掌，向左插出，高与肩平，掌心向下。目视左掌。（图1-37）

图1-37

12. 吸气；左掌外旋成爪，虎口向左。目视左爪。（图1-38）

图1-38

13. 吸气不停；左爪成拳，用力拉回，拳面向上，约与鼻平，屈臂垂肘。目视左拳。（图1-39）

图1-39

14. 吸气不停；左拳下收抱腰间，头向右转正。目视前方。（图1-40）

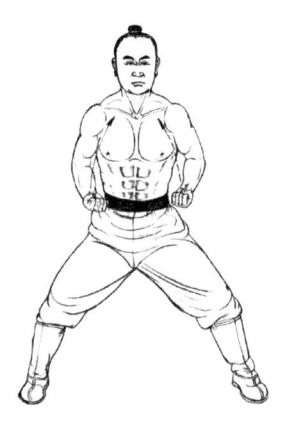

图1-40

15．呼气；两拳成掌，对肩向前插出，掌心向下。（图1-41）

图1-41

图1-42

16．吸气；两掌外旋成爪，虎口向前，爪心相对。（图1-42）

17．吸气不停；两爪成拳，用力拉至肩前，两臂屈肘，肘尖下垂。（图1-43）

图1-43

18. 呼气；两拳变掌，向左右插出，高与肩平，掌心向下。（图1-44）

图1-44

图1-45

19. 吸气；两掌外旋成爪，虎口向外，爪心向前。（图1-45）

20. 吸气不停；两爪成拳，用力拉至两锁骨前，拳面向上。（图1-46）

图1-46

21．呼气；两拳变掌，向左右伸臂下插，停于两膝外上，指尖斜向下。（图1-47）

图1-47

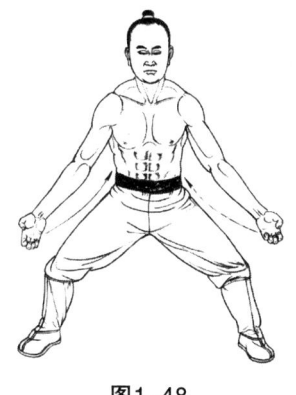

图1-48

22．吸气；两掌外旋成爪，虎口向外，爪心向前。（图1-48）

23．吸气不停；两爪扣指成拳，用力拉抱腰际。（图1-49）

图1-49

24. 呼气；上体略左旋，两拳变掌，右掌收向左肩前，虎口对肩，掌尖斜向左上；左掌下伸于左大腿前方，掌心向前，指尖向下。（图1-50）

图1-50

图1-51

25. 吸气；两掌同时拧旋成爪，右爪旋拧至上腹前，爪心向上；左爪旋拧至左肩前，爪心向后。目视左爪。（图1-51）

26. 呼气；上体右转，两爪变掌，右掌向右前下伸，约与肋平，掌心向上，虎口向右；左掌向右下按，置于右腋前，掌尖向右，虎口在下。目视右方。（图1-52）

图1-52

27. 吸气；两掌同时拧旋成爪，左爪旋拧至上腹前，爪心向上；右爪向外小幅旋拧，略低于肩，爪心向后。目视右爪。（图1-53）

图1-53

图1-54

28. 吸气不停；两爪用力拧劲成拳，收于胸口，两肘平张，拳面相对，拳心向下。（图1-54）

29. 呼气；全身放松，两拳变掌，下垂体侧；两脚收拢，并步正立。（图1-55）

30. 调息1分钟。

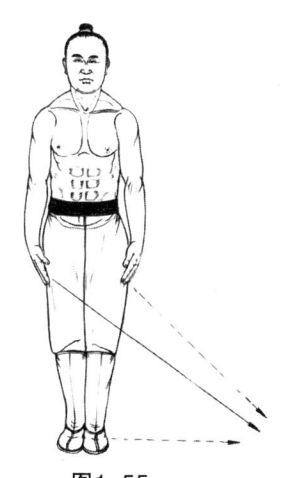

图1-55

四、鹰爪撑拽

【练法】

1. 承接上式。呼气；左脚向左横跨一步，上体左转成左弓步；两掌向左脚前插下，上体前俯，掌心相对，指尖向下。目视两掌。（图1-56）

图1-56

图1-57

2. 吸气；两掌握拳，右拳上拉，至右腋前停住，拳面向下；左拳稍沉下撑，拳面向下，与右拳相互争力。（图1-57）

第一章 武当鹰爪元力功

图1-58

3. 呼气；两拳保持争力，上身立起，重心右移，左腿蹬伸，右腿屈膝，成右弓步；同时，左拳向左上斜举，展臂撑劲，目视左拳；右肘下沉，向右拽劲。此为鹰爪左撑拽式，也叫开弓式。（图1-58）

4. 上体右转俯身，两拳成掌向右脚前插下，练习右撑拽式。（图1-59~图1-61）

图1-59

图1-60

图1-61

25

5. 吸气；右脚稍收，两脚稍扣，屈蹲成马步；同时两拳收向胸前，屈臂平肩，拳面相对，拳心向下。目视前方。（图1-62）

图1-62

图1-63

6. 呼气；两脚并步，正身直立；两拳变掌，下垂于体侧。（图1-63）

7. 调息1分钟。

五、鹰爪提物

【练法】

1. 承接上式。呼气；两膝屈蹲，头部下俯；两爪按地于两脚外侧，虎口相对，两臂伸直。目视地面。（图1-64）

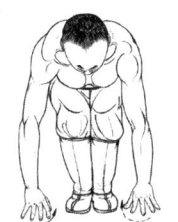

图1-64

图1-65

2. 吸气；两爪旋腕，抓握成拳，虎口向外，拳心向前。（图1-65）

3. 吸气不停；两腿伸立而起；两拳握紧，提至腰侧，肘尖向后，拳心向上。（图1-66）

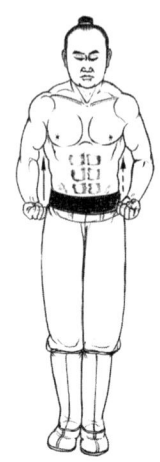

图1-66

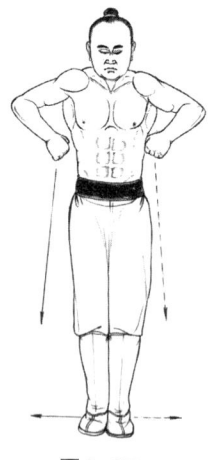

图1-67

4. 吸气不停；两肘向外上提，两拳随之提至肋侧，拳心向后，拳面向下。（图1-67）

5．呼气；两脚分别向左右跨出，屈膝成高马步；两拳直臂下伸于两大腿外侧，拳心向后，拳面向下。目视前方。（图1-68）

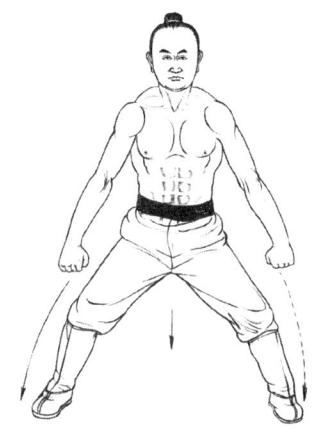

图1-68

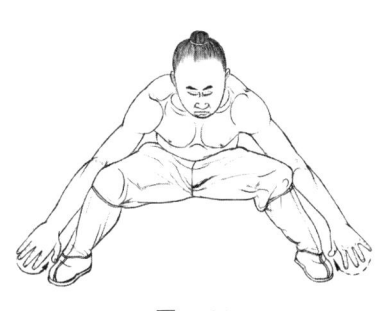

图1-69

6．吸气；桩步下沉，上身前俯；两拳松开成掌，下伸至两脚外侧，指尖斜向下，掌心向后。（图1-69）

7. 吸气不停；两掌旋腕握拳，置于两踝外上，拳心向前，拳面向下。（图1-70）

图1-70

图1-71

8. 吸气不停；身体上起，马步抬高；两拳用力上提，拳心向后，拳面向下，两臂屈肘外展，约与肩平。（图1-71）

9.呼气；全身放松，两拳成掌，下垂体侧；同时，两脚收拢，并步正立。本功收势，调匀呼吸。（图1-72）

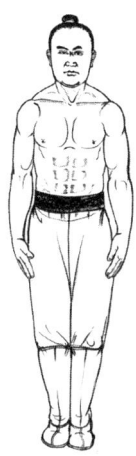

图1-72

第二章

武当鹰爪壮力功

壮力功，乃武当大力鹰爪功第二类修炼法。

此功有四种，即卧虎功、伏虎功、拿鼎功和鹰扑功，皆为俯身式，练法独特，增力明显。

此功主在强壮指爪,故称"壮力功",经过秘法苦练,可把普通纤弱手指,修炼成坚刚锐利之"鹰爪"。

一、卧虎功

（一）双掌卧虎功

【练法】

1. 两掌按地，两臂伸直，身体俯卧；两腿伸直，前脚掌撑地。目视前下。（图2-1）

图2-1

2. 头部前探，上身前俯，两臂屈肘；同时，脚跟上起，身体约与地面平行。（图2-2）

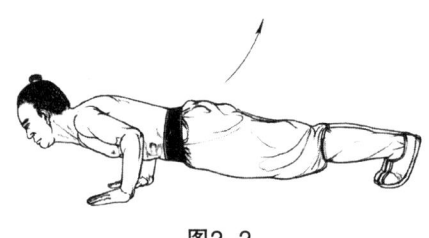

图2-2

3. 两掌用力伸臂，身体向后、向上移动，胯部后挫。（图2-3）

此法自始至终，以两手掌与前脚掌触地，其余各部悬空，不宜贴地。

反复练习，主增腕力与臂力，兼增腰力。

图2-3

（二）双拳卧虎功

【练法】

将上述"双掌卧虎功"之两掌按地，变为两拳拄地，拳眼向前，练法相同。（图2-4～图2-6）

反复练习，主增臂力与拳劲。

图2-4

图2-5

图2-6

（三）十指卧虎功

指力有基础者，可不练掌撑地与拳拄地，直接以指撑地练功。

【练法】

1. 将上述"双掌卧虎功"之两掌按地，变为十指撑地，虎口相对，练法相同。反复练习。（图2-7～图2-9）

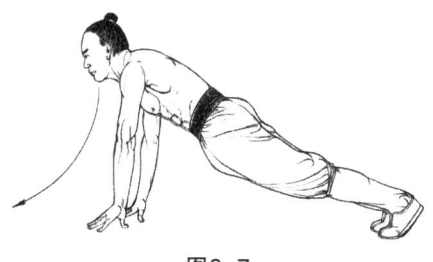

图2-7

图2-8

图2-9

2. 在上动练习有功后，把一腿上叠，再如法练习。十指撑地不变，两脚左右互换。（图2-10～图2-15）

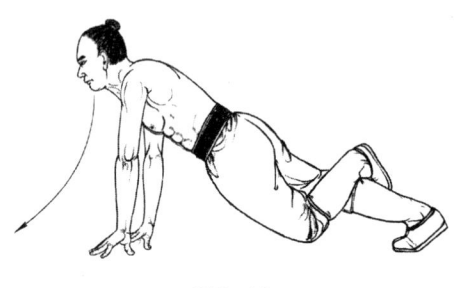

图2-10

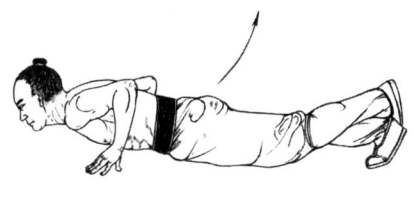

图2-11

图2-12

第二章 武当鹰爪壮力功

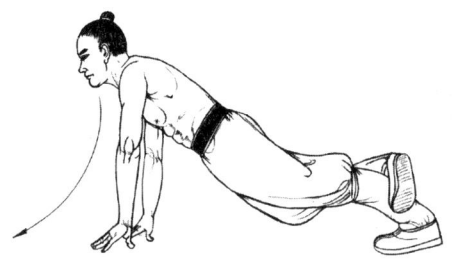

图2-13

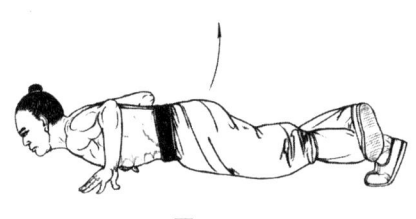

图2-14

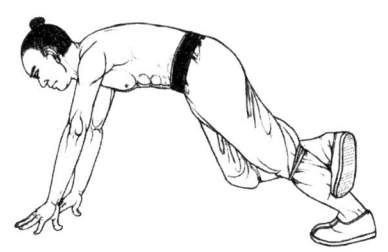

图2-15

3. 功夫进展后，继续强化练习，背部负重。此法非常吃力，但增强指力，效果显著，循序渐进，功到自成。（图2-16～图2-18）

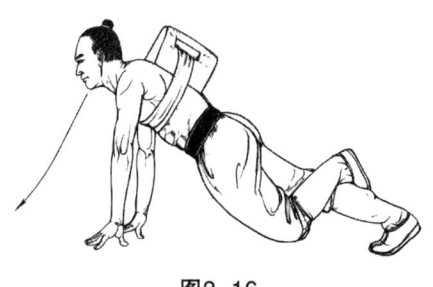

图2-16

图2-17

图2-18

二、伏虎功

此功练习时，身体侧卧悬空，以单手五指和单脚侧沿用力撑地。以右式为例说明。

【练法】

1. 向右侧身斜卧，右手五指撑地；左手握拳，左臂向上斜举；两腿伸直，右脚外沿贴地，左脚放于右脚之上。（图2-19）

保持姿势不变，力贯右手五指，坚持为功，力乏即止。

左右互换，反复练习。

图2-19

图2-20

2. 把五指撑地之法，换成三指，定势不动，进行练功。（图2-20）

3. 右手五指撑地，然后前俯；随即撑起。此法强化练习"活劲"，要具备一定功力后，才能俯撑自如。（图2-21）

图2-21

三、拿鼎功

拿鼎功，俗称拿大鼎或拿大顶，就是头手倒立练功之法。

在上述两功练习有成之后，接练拿鼎功，可使鹰爪力更上层楼。

【练法】

1. 身向前俯，十指按地，两肘稍屈；两脚随之离地而起，两膝夹两肘，身体悬空。（图2-22）

定势之后，保持稳定，力注两臂及十指，尽量坚持。

图2-22

2. 身体倒立，十指撑地；两腿上举，直悬空中。（图2-23）

初习此法时，双手无力，很难保持稳定，常会歪倒。此时双脚可选择靠墙或树干等物上，练习至感觉能够保持平衡后，再凭空倒立。

此功有成，可用双爪倒立行走，此时双臂强壮，爪力笃实。

3. 最后以单手五指支撑倒立。（图2-24）

图2-23

图2-24

四、鹰扑功

鹰扑之功,主增手指与脚趾之力,兼练腾跃,与卧虎功有近似之处,但难度高出数倍。

【练法】

1. 身体俯卧,两掌按地,两肘弯曲;两脚尖抵地。此为预备式。(图2-25)

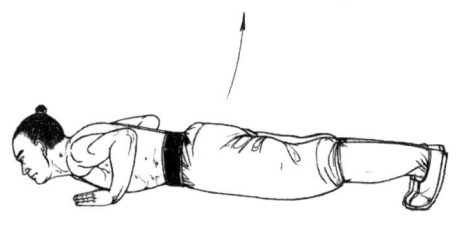

图2-25

2. 身体中部向上耸起,成弓背形。(图2-26)

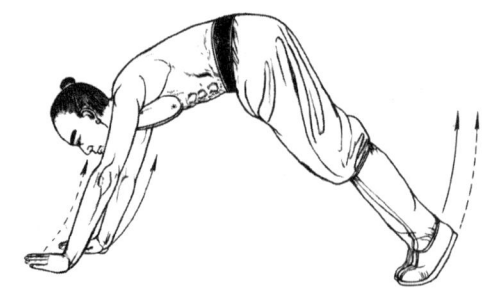

图2-26

3. 两掌猛力向地一按，两脚尖同时蹬地，使身体乘此之力，向前跃出。（图2-27）

图2-27

4. 身体向前落地，仍回复预备式。然后继续起身前跃。（图2-28）

图2-28

5. 待用掌前跃练至纯熟后,变掌为拳。(图2-29~图2-32)

图2-29

图2-30

第二章 武当鹰爪壮力功

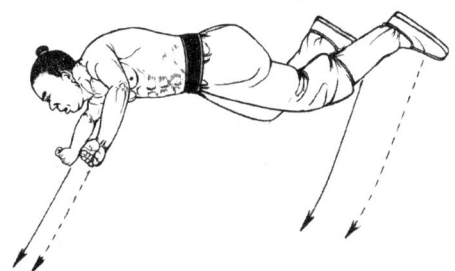

图2-31

图2-32

47

6. 更进一步，用十指按地前跃。此法较难，初学者双手无力，很难跃起，而且一不留意，容易挫伤手指，所以要将前述数种功夫练成之后，再练无碍。（图2-33~图2-36）

图2-33

图2-34

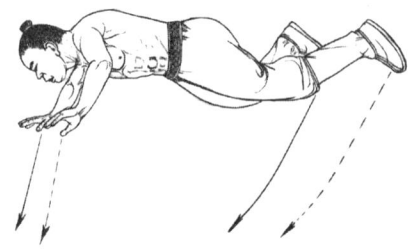

图2-35

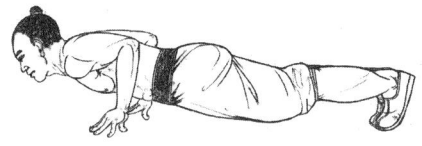

图2-36

7. 上述之法练习纯熟后,将双脚撑地换成单脚,向前跳跃。(图2-37～图2-40)

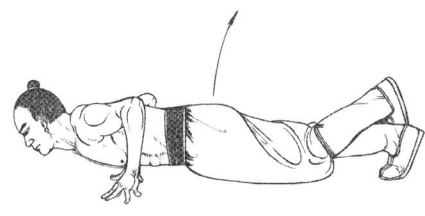

图2-37

图2-38

49

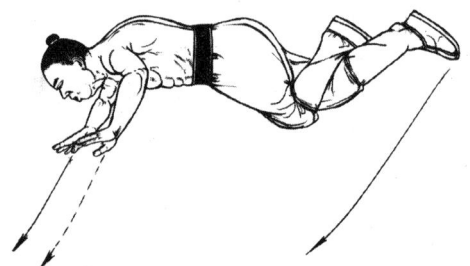

图2-39

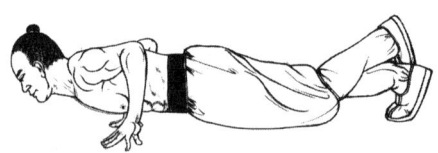

图2-40

8. 最后，练习向后腾跃。（图2-41～图2-43）

图2-41

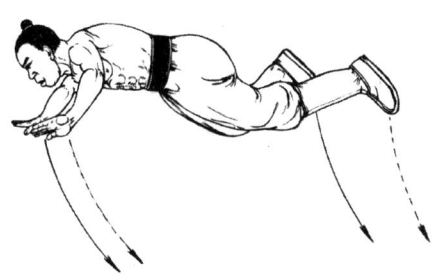

图2-42

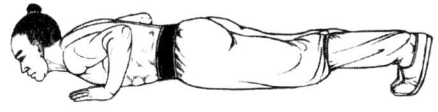

图2-43

第三章
武当鹰爪刚力功

刚力功,乃武当大力鹰爪功第三类修炼法。
选用小铁球两个,以手抓拿练功,一手抓一个。
铁球坚硬,主练刚力,所以被称为"鹰爪刚力功"。

一、两只小球两手抓

【练法】

两脚并步,正身直立;两手各抓一球,垂于体侧。目视前方。(图3-1)

图3-1

图3-2

二、吐推吞拉圆转摩

【练法】

1. 左脚横开一步,两脚间距略宽于肩;同时,两手带球提至腹侧,手心向里,虎口向上。保持姿势,做深呼吸6次。(图3-2)

2. 身体重心右移，左脚提向右脚，脚尖点地，两膝稍屈，成左丁步；同时，两手稍翻，手心向下。（图3-3）

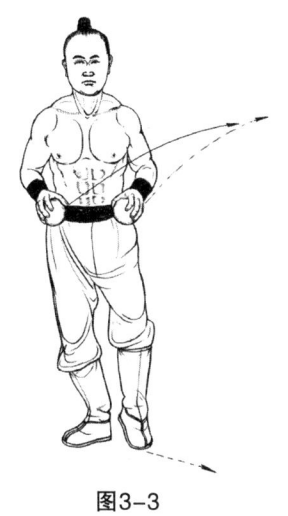

图3-3

图3-4

3. 左脚向左前方贴地蹬出一步，身体重心前移，成左弓步；两手同时向左前伸推，高与肩平，手心向下。（图3-4）

4. 身体重心后移成左虚步；两手同时向后下拉，至上腹前，手心仍向下。（图3-5）

图3-5

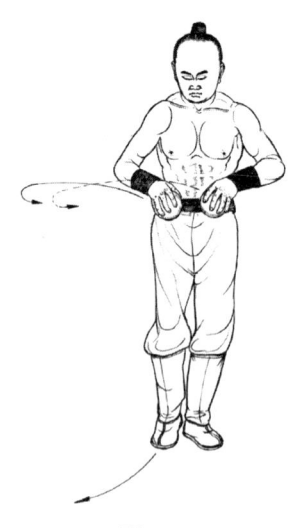

5. 左脚后收，右脚跟提起，成右丁步；两手收至腹侧。接着练习右式。（图3-6～图3-9）

图3-6

第三章　武当鹰爪刚力功

图3-7

图3-8

图3-9

三、滚钻争裹撑八面

【练法】

1. 左脚向前左伸出，向左扣膝，拧腰坐胯，成左虚步；同时，左手托球，屈臂前举，高与额平，手心向上；右手向右划拉，置于左肘下，手心向下。目视左球。（图3-10）

图3-10

图3-11

2. 上体再向左后略转；同时，左手向左缠转，手心向左，高与额平，臂略伸直；右手不变。（图3-11）

3. 向右转腰；同时，两手前划，至与肩平，手心向下。（图3-12）

图3-12

图3-13

4. 左脚后收，两脚并步；同时，两手收至腹侧，虎口在上，手心向里。（图3-13）

5. 继练右式。（图3-14~图3-17）

图3-14

图3-15

图3-16

图3-17

四、腰如轴转臂旋绕

【练法】

1. 左脚向左横开一步,两脚宽度超肩,身向左转;同时,两手向左弧形划伸,手心皆向下,左手高与肩平,右手置于左肘下侧。目视左手。(图3-18)

图3-18

图3-19

2. 身向右转,两手向右划摆,手心皆向里,左手划至右腰侧,右手提至与肩平。眼随手走。(图3-19)

3．右脚尖内扣，身体向左后转至极限；同时，两手向左划摆，两手心均向上，左手沿腹前绕转一周，停于腰后；右手划至左胸前。目视左手。（图3-20）

图3-20

图3-21

4．身向左转，左手外拧，向左前上划摆，手心向上；右手紧随，附于左肘侧。眼随左手。（图3-21）

第三章 武当鹰爪刚力功

5. 双爪向右划摆,练习右式。(图3-22~图3-25)

图3-22　　　　　　　　　图3-23

图3-24　　　　　　　　　图3-25

6. 身体转正；两手向前，对肩推伸，两肘稍屈，手心向下。（图3-26）

图3-26

图3-27

五、身似绳拧头顶悬

【练法】

1. 开步不变；两手下收至腹侧，手心向下。（图3-27）

2. 两手同时划动，屈肘圆臂，右上左下，右手置于左肩前，手心向下；左手置于右肋前，手心向上。目视前方。（图3-28）

图3-28

3. 左脚尖外摆，右脚尖内扣，身体左拧；同时，左手向上外旋拧领，举于左上方，高过头顶，虎口向后，肘部弯曲，肘与鼻平；右手向下推撑，置于右肋前，手心向里。目视左方。（图3-29）

图3-29　　　　　图3-29附图

4. 接着，练习右式。（图3-30、图3-31）

图3-30

图3-31

5. 右脚尖内扣向前，身体回转向前，左脚收于右脚内侧，脚跟稍提；同时，右手内旋下落，两手收于腹前，手心向下。（图3-32）

图3-32

六、沿圈摆扣蹚泥行

【练法】

1. 左脚向左蹚出一步；右脚随之向左蹚上一步；左脚向左蹚出一步；右脚再向左扣上一步（四步蹚出的轨迹，为左弧线形，正合一个半圆）；同时，两手先外旋前伸，后随走转再内旋翻拧；眼随左手。此为左穿转式。（图3-33～图3-35）

图3-33

图3-34

图3-35

2. 接着，蹬出右步，练习右穿转。（图3-36～图3-43）

图3-36

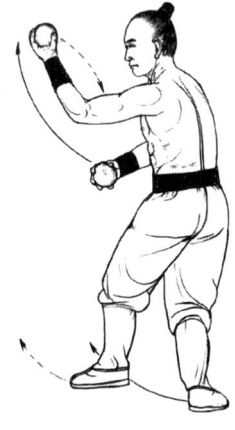

图3-37

图3-38

图3-39

第三章 武当鹰爪刚力功

图3-40 图3-41

图3-42 图3-43

69

七、调匀呼吸把功收

【练法】

1. 左脚向左前弧形蹚出一步；同时两手左旋，成转掌式。目视左手。（图3-44）

图3-44

图3-45

2. 身体稍右转，两臂前伸，对肩平提，手心向下。目视前方。（图3-45）

3. 左脚收向右脚，伸膝立起，两腿并步；同时，两手下落体侧。调匀呼吸，本功收势。（图3-46）

本功每式可单独练习，反复多次，也可连续练习，练习多遍。

图3-46

第四章

武当鹰爪柔力功

柔力功,乃武当大力鹰爪功第四类修炼法。

此功主练"柔力",练习时配备两只中型沙包,内装河沙,外面缝紧,一手抓一只,锻炼鹰爪功。

河沙柔绵流畅,以此制包练功,可使爪力细腻精巧,灵

活多变,所以称为"柔力功",是武当内家必修之功。

此功有成,两爪柔中有刚,绵里藏针;连环不断,后劲十足。

一、开功提包

【练法】

1. 两脚并步，正身站立；两手各抓一包，垂于体侧。目视前方。（图4-1）

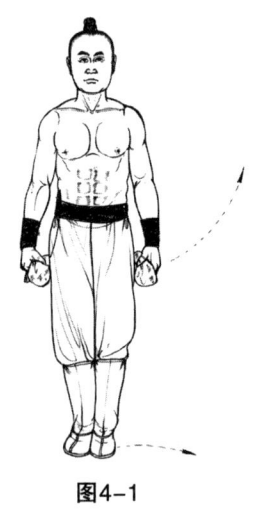

图4-1

图4-2

2. 左脚向左横跨一步，上体左转约90°，两腿稍屈成左虚步；同时，右手收于右腰际；左手向前托举，左肘稍屈，约与肩平，手心向上。目视左手。（图4-2）

二、通臂连环

【练法】

1. 左脚前移半步，右腿蹬伸成左弓步；同时，左手下按；右手向左前方推伸，约与肩平，手心向下。目视右手。（图4-3）

图4-3

图4-4

2. 右脚向前一步，成右弓步；同时，左手向前推伸，约与肩平，虎口向上；右手收至右肩侧。目视左手。（图4-4）

3. 左脚向前上步，成左弓步；同时，右手向前推伸，约与肩平，虎口向上；左手收至左肩侧。目视右手。（图4-5）

图4-5

图4-6

4. 右脚向前一步成右弓步；同时，左手向前推伸，约与肩平，虎口向上；右手收于右肩前。目视左手。（图4-6）

三、双锁门闩

【练法】

右弓步不变；左手向右横摆，约与眼平，手心向右；同时，右手向左横摆，手心向左，高与胸平，双臂成弧形。（图4-7）

图4-7

图4-8

四、朝天敬香

【练法】

1. 右手收抱腰际，上体略起；同时，左手屈臂，向右肩前上收摆。目视前方。（图4-8）

2. 随即，左手向前甩摆，约与腹平，手心向下。目视左手。（图4-9）

图4-9

图4-10

3. 左手内收，停于腹前，手心向下；同时，右手向左划摆，至左肩上侧。目视前方。（图4-10）

4. 左脚上前一步，成左弓步；同时，右手向前砸伸，约与肩平；左手稍提，护于左胸前方。目视右手。（图4-11）

图4-11

图4-12

5. 右脚上于左脚后，左脚向前一步，脚跟稍提，成左虚步；同时，右手向上勾起，手心向上，约与鼻平，右肘稍屈；左手不变。目视右手。（图4-12）

五、扫云抱月

【练法】

1. 左脚跟落地,右脚尖外摆,两腿屈蹲成马步;同时,右肘向右后顶,左手向右提摆,两手拳面相对,手心向下,屈肘横于肩前。(图4-13)

图4-13

图4-14

2. 上体右转,右脚尖外摆,成右弓步;同时,两手一起向右推力,左手在面前,右手在腹前,两肘稍屈。(图4-14)

3. 两脚前滑，左手向右收于右肩前；同时，右手向前推伸，约与肩平。目视右手。（图4-15）

图4-15

4. 左脚前跨一步，成左弓步；同时，左手向前上推伸，约与鼻平；右手下沉，护于左肘下侧。目视左手。（图4-16）

图4-16

5. 右脚向前上步，成右弓步；同时，右手向前推伸，约与肩平；左手下沉，护于右臂内侧。目视右手。（图4-17）

图4-17

6. 左脚向前一步，成左弓步；同时，左手向前上推伸，约与鼻平；右手下沉，护于左肘下侧。目视左手。（图4-18）

图4-18

图4-19

7.右脚向前上步,上体左转,两腿屈蹲成马步;同时,两臂交叉于胸前,左手在里,右手在外,手心均向里,约与肩平。目视前方。(图4-19)

六、左右抡鞭

【练法】

1.上体左转约90°,右脚向左进步,成右弓步;同时,右手挥臂向前抡摆,约与鼻平;左手划于右臂内侧。目视右手。(图4-20)

图4-20

83

2. 左脚前进一步，成左弓步；同时，右手收抱右腰际；左手向前挥臂抡摆，约与鼻平。目视左手。（图4-21）

图4-21

七、兜摆栽夹

【练法】

1. 左垫步进身；同时，右手向前兜提，约与眼平，手心向里；左手下压腹前。目视右手。（图4-22）

图4-22

2. 左脚尖内扣,右脚尖外展,右转体成右弓步;同时,右手向右反砸摆伸,约与眼平,手心向上;左手划提,护于右肘下方。目视右手。(图4-23)

图4-23

3. 上体左转,左脚跟稍抬,成左虚步;同时,左手向左下栽伸,约与膝平,手心向下;右手屈臂举于右上方,高稍过顶,手心向左。目视左手。(图4-24)

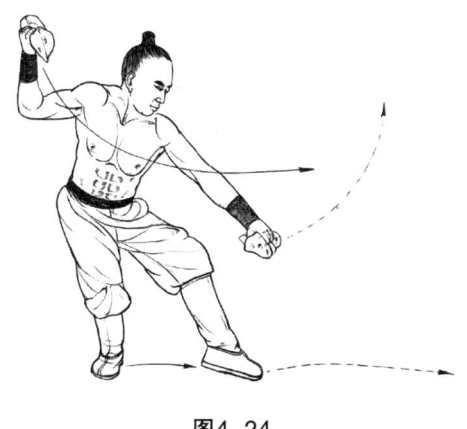

图4-24

4. 右垫步向前，成左弓步；随之，左手向上兜提，约与额平，手心对鼻；右手下按，护于左肘下。目视左手。（图4-25）

图4-25

图4-26

5. 两脚前滑一步，成左弓步；同时，两手向前里合夹击，手臂伸开，左手约与额平，右手约与颔平，两手心均向下。（图4-26）

6. 上体右转约90°，左脚略收，两腿屈蹲成马步；同时，两手内收，手背相对，屈肘平肩。目视两手。（图4-27）

图4-27

八、雏鹰翻翼

图4-28

【练法】

1. 马步不变，左手不动；右手向右侧伸臂翻出，手心向上，约与肩平。目视右手。（图4-28）

2. 右手屈肘，收于胸前，手心向下；同时，左手向左侧翻出，手心向上，约与肩平。目视左手。（图4-29）

图4-29

图4-30

3. 左手里收，屈肘平肩。目视前方。（图4-30）

九、调息收势

【练法】

左脚里收,两脚并步,正身直立;同时,两手持包,垂于体侧。调匀呼吸,本功收势。(图4-31)

图4-31

第五章

武当鹰爪韧力功

韧力功,乃武当大力鹰爪功第五类修炼法。

此功练法独特,功效独特,专求"韧力",不但可使双爪坚刚有力,而且兼具柔绵之劲,非常适用于搏击时的抓拉撕扯与分筋错骨。

此功表面看去无甚特殊,但真正入手却大有难度。一手持两砖,全凭抓固,爪力稍懈,或稍有疏忽,两砖即会失控掉落。因此,要先练好前两章所述之抓铁球与抓沙包,刚力与柔力上手之后,才能操纵自如,才能更上层楼。

另请注意,练此功时,选用直角六面建筑砖,必须一手抓两砖,两手抓四块;如只抓一砖,功效受影响,很难出韧劲。

一、韧力开功

【练法】

两脚并步,正身站立;两手各拿两砖,垂于体侧。目视前方。(图5-1)

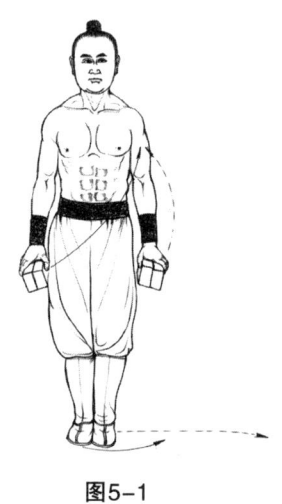

图5-1

二、四平八稳

【练法】

右脚向左脚外侧盖步,左脚随即向左摆跨一步,两脚尖外摆,屈膝半蹲成马步;随之,两手上提,屈肘立于胸前,手心向上,虎口向前。目视前方。(图5-2)

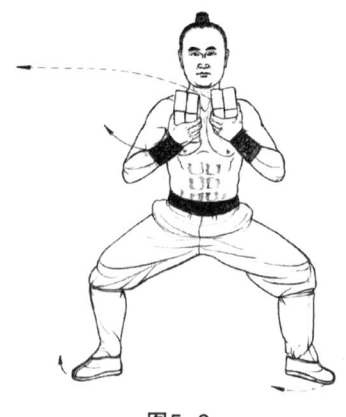

图5-2

三、赶马三追

【练法】

1. 上体右转,右脚尖外展,左脚尖内扣,两腿成右弓步;同时,左手向前推出,约与肩平,手心向前;右手下落,护于腹前。目视左手。(图5-3)

图5-3

2. 左垫步向前;同时,右手向前推出,约与肩平,手心向前;左手收护左胸前。目视右手。(图5-4)

图5-4

3. 两脚向前滑步；同时，左手向前推出，手心向前，约与肩平；右手收护右胸前。目视左手。（图5-5）

图5-5

四、双手敛劲

图5-6

【练法】

左脚向前、向左划摆一步，右脚随之划进，左膝略屈，成右高跪步；同时，左手下沉腹前，划弧上提对肩，手心向上，左肘稍屈；右手屈臂，横于胸前，手心向下。目视左手。（图5-6）

五、进退滚压

【练法】

1. 右脚前移半步,左腿蹬伸,成右弓步;同时,右手向前滚压,约与肩平,手心向下;左手护于右肘内侧。目视右手。(图5-7)

图5-7

图5-8

2. 左脚前进一步,成左弓步;同时,左手向前滚压,约与肩平,手心向下;右手下落,约与腹平。目视左手。(图5-8)

3. 右脚前进一步，成右弓步；同时，右手向前滚压，手心向下，约与肩平；左手下落，左手护于右肘内侧。目视右手。（图5-9）

图5-9

4. 右脚后退一步，成左弓步；同时，左手向前滚压，约与肩平，手心向下；右掌下落，约与腹平。目视左手。（图5-10）

图5-10

5. 左脚后退一步，成右弓步；同时，右手向前滚压，约与肩平；左掌下落，护于右肘内侧。目视右手。（图5-11）

图5-11

6. 右脚后退一步，成左弓步；同时，左手向前滚压，约与肩平；右手下落，约与腹平。目视左手。（图5-12）

图5-12

六、弓步架拦

【练法】

1. 左脚向右后撤退一步,左转身约180°,左脚尖内扣,成左弓步;同时,左手向左上方横架,约与顶平,虎口向右;右手向前推出,约与肩平,手心向前。目视右手。(图5-13)

图5-13

2. 右垫步进身,仍成左弓步;同时,左手稍收,再行架出;右手稍收,再行前推。(图5-14)

图5-14

3. 如上动垫步进身，分手推砖。（图5-15）

图5-15

图5-16

4. 如上动垫步进身，仍成左弓步；同时，右手向右分拦，屈臂竖肘，立于右肩外侧，虎口向上；左手向前直臂推出，约与肩平，手心向前。目视左手。（图5-16）

5. 再垫步进身，右手拦、左手推，如上动练法，连续两次。（图5-17、图5-18）

图5-17

图5-18

七、翻身滚压

【练法】

1. 右脚外摆，左脚内收半步，屈膝蹲成左半马步；同时，左手向里勾起，约与鼻平，手心向上；右手屈臂左划，护于左肘下侧，手心向下。目视左手。（图5-19）

图5-19

图5-20

2. 左脚内扣，右脚外展，上体右转约180°，成右弓步；同时，右手随转身下压，约与腹平；左手向前抡摆，约与额平，手心向前。目视左手。（图5-20）

3. 左脚向前上步，成左弓步；同时，右手向前滚压，手心向下，约与胸平；左手下落，护于右肘下侧。目视右手。（图5-21）

图5-21

图5-22

4. 右脚向前上步，成右弓步；同时，左手向前滚压，手心向前，约与额平；右手下落，约与腹平，手心向下。目视左手。（图5-22）

八、扭手碾步

【练法】

1. 两手同时向前扭转,两臂成环形,右手在前,左手在后,高于心口,虎口斜向前上。目视前下。(图5-23)

图5-23

图5-24

2. 左脚跟内碾约180°,两脚跟斜相对;同时,右手翻转略下伸,手心向上,约与胯平;左手下沉,置于右肘下侧,手心向下。目视右手。(图5-24)

3. 两脚右转,成右弓步;两手仍成扭手之状。(图5-25)

图5-25

九、滚砸退归

【练法】

1. 右脚内扣,左脚外展,上体左转约180°,成左弓步;同时,右手向左前方滚压,约与额平;左手下按,约与腹平。目视右手。(图5-26)

图5-26

2. 左脚后退一步，成右弓步；同时，左手向前滚压，约与额平；右手下落，约与腹平。目视左手。（图5-27）

图5-27

图5-28

3. 右脚向后退步，成左弓步；同时，右手向前滚压，约与额平；左手下落，约与腹平。目视右手。（图5-28）

十、夹合连滑

【练法】

1. 两脚滑步进身；同时，两手向前、向里用力夹合，左手约与额平，右手约与腹平。目视前方。（图5-29）

图5-29

图5-30

2. 两脚再度前滑冲进，仍成左弓步；同时，右手向前上弧形推出，约与顶平；左手下落，环臂护于腹前。目视右手。（图5-30）

十一、滚压归初

【练法】

右脚前跨一步,成右弓步;同时,右手随进身冲力向前滚压,约与额平。目视右手。(图5-31)

图5-31

十二、金鸡啄食

【练法】

1. 左垫步进身,仍成右弓步;同时,右手向前滚压,约与肩平。目视右手。(图5-32)

图5-32

2. 左脚向前一步，成左虚步；同时，右手收于腰际；左手向前下推击，约与膝平，虎口向右。目视左手。（图5-33）

图5-33

十三、坐马四平

【练法】

1. 右垫步进身，右腿伸膝，成左弓步；同时，左手向上兜提，手心向上，约与眼平；右手护于左肘下侧，手心向上。目视左手。（图5-34）

图5-34

2．右垫步进身，成左弓步；同时，两手向前里合夹击，约与胸平，虎口向上。目视两手。（图5-35）

图5-35

图5-36

3．左脚内扣收步，上体右转约90°，两腿屈膝，成马步；同时，两手内收胸前，屈肘抬臂，两肘分张略高于肩，手心向下。目视前下。（图5-36）

4. 马步不变,左手不动;右手向右伸臂翻出,约与肩平,手心向上。目视右手。(图5-37)

图5-37

图5-38

5. 右手屈肘,收于胸前;同时,左手向左翻出,手心向上,约与眼平。目视左手。(图5-38)

6. 身体转正，左手里收，两手抱砖胸前，虎口向上。目视前方。（图5-39）

图5-39

图5-40

十四、收功调息

【练法】

左脚收向右脚，并步正身直立；同时，两手持砖，垂于体侧。调匀呼吸，本功收势。（图5-40）

第六章
武当鹰爪黏力功

黏力功,乃武当大力鹰爪功第六类修炼法。

此功有两种,荸荠功、葫芦功。这类爪功刚柔相济,练之可使两爪黏劲大增。

一旦练成，其爪触敌，不但可使之皮开肉绽，筋伤骨损，而且其劲如胶，黏力十足，控力强大，敌难解脱。正所谓"扣如钢钩黏如胶，鹰爪一到敌难逃"。

一、荸荠功

荸荠功，专练拈捏之功，尤增拇、中、食三指指面之力，连带锻炼臂部拎提之力。

【练法】

此"荸荠"以石或铁制成。（图6-1）

也可使用"石笋"练功，即把石块磨成圆锥形，上削下广，略如竹笋之状。与"荸荠功"练习方法非常相似，特此介绍。（图6-2）

图6-1

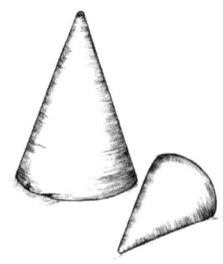

图6-2

第六章 武当鹰爪黏力功

1. 用拇、中、食三指，捏住"荸荠"锐削之上端，中、食二指在外，拇指在内，指尖向下。（图6-3）

图6-3

图6-4

2. 捏住之后，即向上提起。提起之后，尽量多坚持一会，这样增力较快。（图6-4）

3. 一手拈提"荸荠"（或"石笋"），环场而走（走转八卦亦可），勤加苦练，坚持为功。（图6-5）

练功应循序渐进，"荸荠"加重时每次不宜骤多，以二三斤为度。至能捏五六十斤，提之可坚持一两个小时，功即大成。

图6-5

二、葫芦功

【练法】

练功前,准备几个干葫芦,或将葫芦切成瓢。(图6-6)

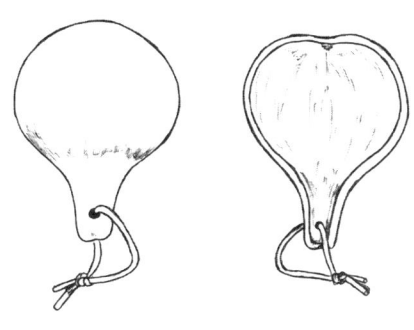

图6-6

1. 初习时,将葫芦置于桌面或凳面上,马步站立;用五指下按瓢面,以意贯劲,将之上提。(图6-7)

瓢面光滑,很难着力,要靠指腹黏力逐渐控制,才能将之提起。每天坚持,应手抓起,初步功成。

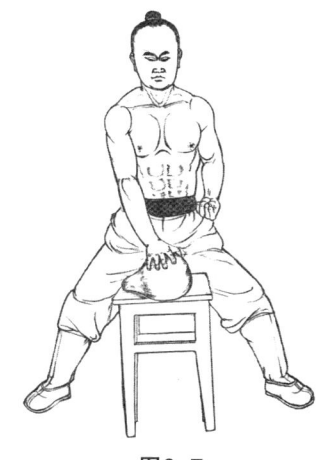

图6-7

2. 将葫芦置于水缸之中，马步蹲立；双爪向前平伸，手心向下；舌尖轻抵上腭，口眼微闭，意念集于两爪，进行调息吐纳，每次10分钟。（图6-8）

图6-8

图6-9

3. 吐纳后，双目凝视葫芦；两手交替抓提，吸气时用力，呼气时放松，反复练习。（图6-9）

练功时必须全神贯注。吸气时,以手指暗力抓提(忌用蛮力),手心含空。呼气时,手指放松,但手不要离瓢,可用意引气,从手心劳宫穴穿出,透入瓢内。此法激发内劲。

4. 持之以恒,日久功成,爪生黏劲,出爪一抓,葫芦即起。(图6-10)

图6-10

第七章
武当鹰爪化力功

化力功，乃武当大力鹰爪功第七类修炼法。

此功先练木球，次练石球，再练铁球。功夫到家，两手可旋动百斤铁球，弄之如弹丸。如此大力，用于化接敌招，两劲一抵，其劲立消，化为无形，任我操控。

一、怀中抱月

【练法】

1. 两脚开步，与肩同宽，两膝屈蹲，成夹马式；两手抱球胸前，旋转揉动。揉动时，身体不动，唯肩、肘、腕用力揉球。（图7-1）

图7-1

图7-2

2. 左脚后退一步，两腿屈膝半蹲，右脚尖翘起，成右虚步；同时，两手揉球，向前托起，约与下颌平。两目看球。（图7-2）

二、推窗望月

【练法】

1. 右脚向右外侧摆步踏实,上体右转,成右虚步;同时,右掌托球,运至右前方,约与胸平;左掌离球,护于右腕内侧。(图7-3)

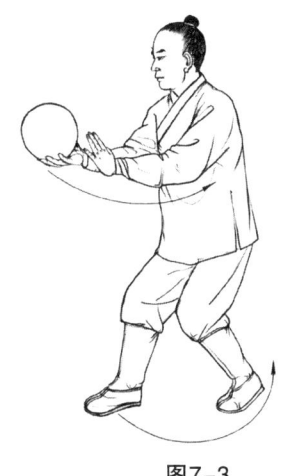

图7-3

图7-4

2. 右手托球左转;球至左胸侧,左掌心抱贴球身;同时,右脚向左脚外侧盖步,上体右拧,下盘成扭步。(图7-4)

3. 左脚绕过右脚，向左前方一步，成左虚步；同时，左手托球，向前伸出，约与胸平；右掌离球，护于左腕内侧。（图7-5）

图7-5

三、白鹤亮翅

【练法】

1. 两手抱球，收至小腹前，上体略右转。（图7-6）

图7-6

第七章 武当鹰爪化力功

2. 右脚尖外展,左腿屈膝提起,成右独立步;同时,上体右转约90°,右手托球向右前上方举起,高过头顶;左掌护于右肘内侧。(图7-7)

图7-7

图7-8

3. 左脚向左后侧落步,右脚尖上翘,成右虚步;同时,右手运球内合,左手接托,约与眼平。(图7-8)

125

4. 左腿伸膝直立，右腿屈膝提起，成左独立步；同时，上体左转，左手托球，举于左前上方，高过头顶；右掌护于左肘内侧。（图7-9）

图7-9

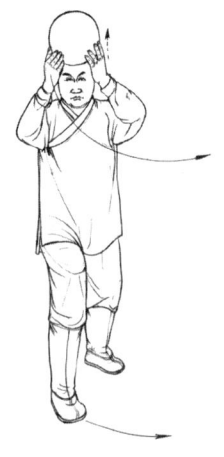

图7-10

四、众星捧月

【练法】

1. 右脚向正前方落步，左腿蹬伸成右弓步；同时，右手于左上侧接球，与左手合托，随上体右旋，运球至额部前上方。（图7-10）

2. 右脚向内侧（左）划弧半步，仍成右弓步；同时，右手托球，向下、向左弧形运球，伸臂托举于左前方，约与眼平；左手屈臂，举于左额上侧。（图7-11）

图7-11

图7-12

3. 左手向前下落，与右手一起合抱球；同时，上体向左旋转，下盘成扭步。两手运球至左肋外侧，手心相对。（图7-12）

4. 身体右转，右脚尖外展向前，下盘成右弓步；同时，两手运球，至额前上方。（图7-13）

图7-13

五、左右献月

【练法】

1. 将球运至右手托住，左手辅助向右前伸，直至臂直，上体前倾。（图7-14）

图7-14

第七章 武当鹰爪化力功

2. 左脚向左前方上步,重心左移,成左弓步;同时,两手揉球向左前方,伸臂举至与额相平,成捧球式。(图7-15)

图7-15

图7-16

3. 左脚向右前方上步,成左弓步;两手继续揉球,从左向右,揉至右前侧,至伸臂与额平,成捧球式。(图7-16)

4．两手继续揉球，向左前方移动，伸臂举至与额相平，成捧球式；同时，右脚向左前方上一步，左脚尖随即外旋，成左弓步。（图7-17）

图7-17

图7-18

六、日出昆仑

【练法】

1．两手揉球，收向怀里，与胸相平，上身转正；同时，右腿屈膝上提，脚尖勾起，准备向前踏步。（图7-18）

第七章 武当鹰爪化力功

2. 右脚向前落步，上体前俯，左腿提起，左脚尖向前勾起；同时，两手揉球至腹前。（图7-19）

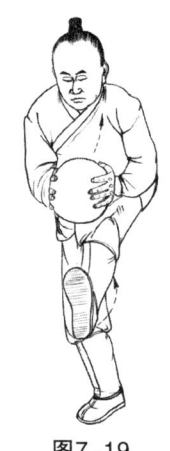

图7-19

图7-20

3. 两手揉球不停，揉至下颌前方；同时，左脚向后收提。（图7-20）

4. 两手继续揉球，举至左额前上方；同时，左膝向前提起，约与裆平。（图7-21）

图7-21

图7-22

七、浪子踢球

【练法】

1. 左脚落地，上体左转，右腿向前伸出，脚尖勾起，约与裆平；同时，两手抱球向下、向前揉出，至右小腿上方。（图7-22）

第七章 武当鹰爪化力功

图7-23

2. 右脚向前落地，身体左转，左腿向左伸出，脚尖勾起，约与裆平；同时，两手向左方揉出，至左小腿上侧。（图7-23）

3. 动作不停，两手揉至左大腿外侧，上体左扭。（图7-24）

图7-24

4. 左脚向前落地，右腿屈膝提起；同时，两手揉球至胸前。（图7-25）

图7-25

图7-26

5. 动作不停，右脚向左侧摆伸，上体右扭；同时，两手揉球至右大腿外侧。（图7-26）

八、海底捞月

【练法】

1. 左腿独立,左膝稍屈,身体向右转约180°,右脚向右后屈勾提悬,脚心向后;同时,左掌托球旋腕,向左后反托于胯部后上;右掌抬举于右额前方,上体前倾,头部左转。(图7-27)

图7-27

图7-28

2. 右脚向前落步,身体左转约180°,随之左腿屈膝向前提起;同时,左手转球,右手接住,两手捧球向前上揉转,约与顶平,上体前倾。(图7-28)

3. 左脚后勾提悬，脚心向后，右膝稍屈；同时，右手托球，旋腕向右后反托于胯部后上；左掌抬举于左额前方，上体前倾，头部右转。（图7-29）

图7-29

图7-30

九、二龙戏珠

【练法】

1. 右腿仍然独立，右脚旋扣，身体左转约180°，上体前倾；同时，右手运球至体左侧，与左手合捧，向前揉伸而出，约与额平。（图7-30）

2. 左脚向前伸出，勾紧脚尖，右腿略屈；同时，两手揉球至左大腿外侧。（图7-31）

图7-31

图7-32

3. 动作不停，左脚向左后侧收落，随之左转身，成左弓步；同时，两手揉球向左前方运出，约与额平，上体左倾。（图7-32）

十、倒撵猿猴

【练法】

1. 左脚向右脚后侧一步，两膝下屈成扭步；同时，两手揉球至右肋侧。（图7-33）

图7-33

图7-34

2. 左脚向前上步，屈膝下蹲，右腿伸直，成右仆步；同时，两手向下、向左揉球，至左小腿内侧，体向右倾。（图7-34）

3. 右脚向左前上步，两膝屈蹲，成扭步；同时，两手揉球，提至胸前。（图7-35）

图7-35

十一、五龙搅海

【练法】

1. 右脚左移,立身而起;同时,两手揉球,前伸于右肋前。(图7-36)

图7-36

图7-37

2. 左脚绕向右前一步,脚跟着地,脚尖上翘,重心落于右腿,成左高虚步;同时,两手揉球前托,约与胸平。(图7-37)

3. 左脚落地，右脚上步于左脚后侧，两脚间距约与肩同宽，屈膝稍蹲；同时，两手揉球，至左腹前侧。（图7-38）

图7-38

图7-39

4. 动作不停，右脚前移，两膝略屈，右脚尖上翘，左脚跟略提，成前扭步；同时，两手向右、向前揉球，停于左胸前，上体略俯。（图7-39）

第七章　武当鹰爪化力功

5. 左脚向左前方上一步，脚跟着地，脚尖上翘，重心落于右腿，成左虚步；同时，上身前俯，两手揉球至腹前。（图7-40）

图7-40

十二、鹿伏衔芝

【练法】

1. 左脚踏实，右脚向右前弧形摆步，重心落于左腿，屈膝下蹲，右腿伸直，成右仆步；同时，两手揉球向右小腿内侧移动，使球近地。（图7-41）

图7-41

141

2. 重心右移，右腿屈膝下蹲，左腿伸直，成左仆步；同时，两手揉球，移至左小腿内侧。（图7-42）

图7-42

3. 左脚向右腿后侧插步，两腿屈膝成歇步；同时，上体右转，两手揉球至身前，约与胸平，右手托球前伸，左手护于球后，上体略前倾。（图7-43）

图7-43

4.左脚跟落地，左转身约360°，右脚向前一步，脚尖上翘，重心移于左腿，成右虚步；同时，两手揉球，抱于小腹前，上身前俯。（图7-44）

图7-44

图7-45

十三、古树盘根

【练法】

1.右脚向左前方上步，两膝内扣，沉身下坐成歇步；同时，两手揉球至前下方，约与左胯平。（图7-45）

2. 左脚向前绕进一步，屈膝前蹲，右腿蹬伸，上体前俯；同时，两手揉球，下移至左脚前上。（图7-46）

图7-46

3. 右脚向左脚前盖步，两膝屈蹲，扭成歇步；同时，两手揉球向右后，至右肋前时右手转腕，反掌托球右伸，约与右膝平；左手护于右肘内侧，上体右旋左倾。（图7-47）

图7-47

4.右脚尖内扣,两腿蹬伸起立,两膝半蹲,上身前俯;同时,两手揉球向前下,停于右脚前上。(图7-48)

图7-48

图7-49

5.右脚后退一步,两脚与肩同宽,两膝略屈,成夹马步;同时,立起上身,两手揉球而上,抱于胸前。本功至此结束,调匀呼吸,放松全身,恢复体力。(图7-49)

第八章
武当鹰爪硬力功

鹰爪硬力功，乃武当大力鹰爪功第八类修炼法。

此功选用硬木，刻制假人一具，使用特定的爪法，在木人身上练习各种抓击。

此功已经非常接近实战，经常练习，既可增强出爪的攻击力，又可提高出爪的准确度与灵活性，还可培养实战意识与打击感觉，于技击非常有益。

木人非常坚硬，所以练习此功要循序渐进，逐渐增快与加力。尤其初练时，更要注意力度，以免受伤。

一、锁喉

【练法】

1. 面对木人。（图8-1）

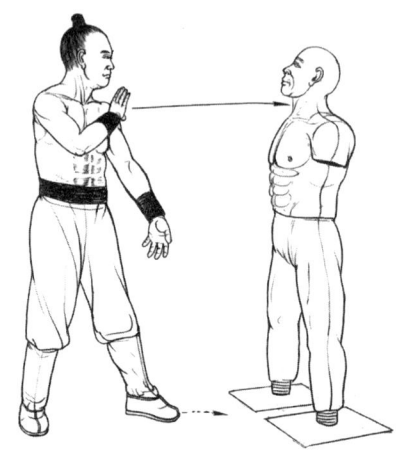

图8-1

2. 出右爪抓锁咽喉。（图8-2）

图8-2

3. 收右爪，出左爪抓锁咽喉。（图8-3）

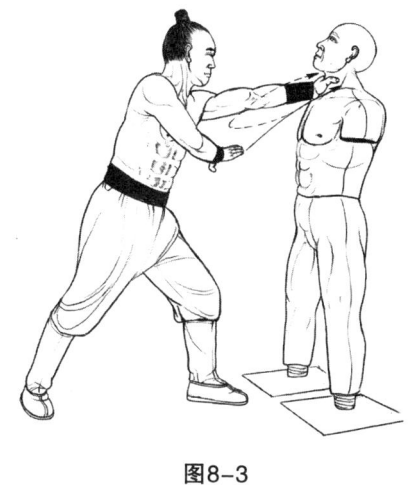

图8-3

图8-4

4. 收左爪，一收即发，再与右爪一起锁喉。（图8-4）

二、扣腮

【练法】

1. 出右爪,用四指扣入耳根下之左腮,右爪拇指扣面部。(图8-5)

图8-5

图8-6

2. 收右爪,出左爪扣右腮,拇指扣人中穴。(图8-6)

三、勾颔

【练法】

1. 收左爪，右爪拇指勾扣下颔。（图8-7）

图8-7

图8-8

2. 收右爪，出左爪勾颔。（图8-8）

四、抱球

【练法】

两爪向前扑出,两拇指分扣两眼球,余指扣于耳后。(图8-9)

图8-9

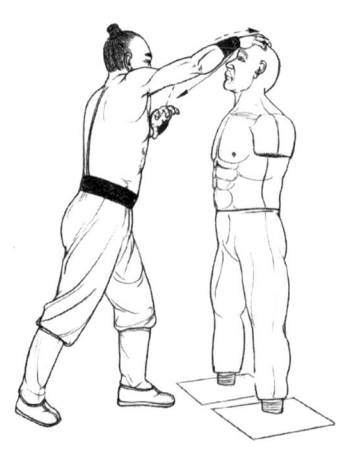

图8-10

五、压顶

【练法】

1. 伸右爪向前,由上向下抓压头顶,掌根按额部。(图8-10)

2. 收右爪，出左爪抓压头顶。（图8-11）

图8-11

六、扒骨

图8-12

【练法】

1. 出右爪，用四指抓扒左侧锁骨。（图8-12）

2．收右爪，出左爪抓扒右侧锁骨。（图8-13）

图8-13

3．左爪收回，与右爪同出，抓扒两锁骨。（图8-14）

图8-14

七、封颈

【练法】

1. 左闪身，右爪反抓右颈侧之大动脉。（图8-15）

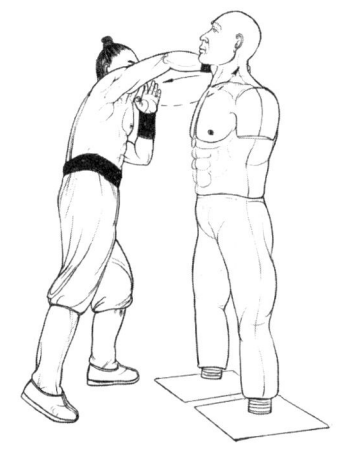

图8-15

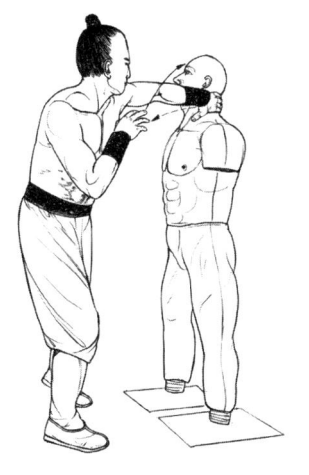

图8-16

2. 收右爪，右闪身，出左爪抓左颈侧之大动脉。（图8-16）

八、闭穴

【练法】

1. 出右爪抓太阳穴,拇指扣右穴,食、中二指扣左穴。(图8-17)

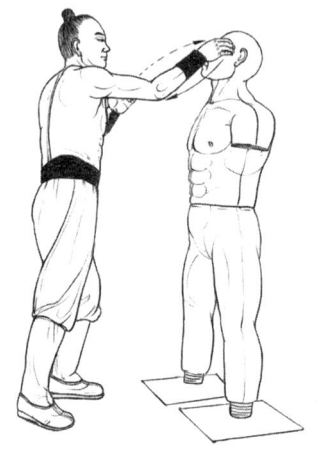

图8-17

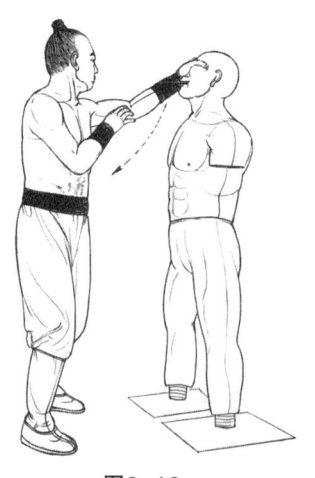

图8-18

2. 收右爪,出左爪扣抓太阳穴。(图8-18)

九、勾按

【练法】

1. 右爪拇指勾扣下颌，余指抓按鼻子。（图8-19）
2. 继练左爪。

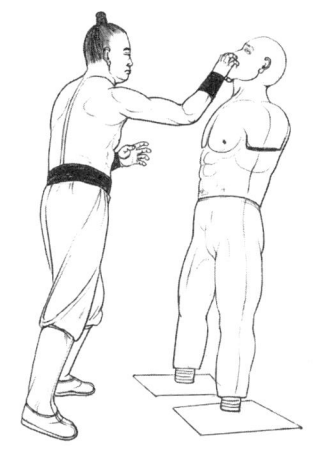

图8-19

图8-20

十、撩扑

【练法】

1. 左腿在前，左爪撩抓裆部，右爪扑抓面部。（图8-20）

2. 退左脚，上右脚；同时，右爪撩裆，左爪扑面。（图8-21）

图8-21

图8-22

十一、顶按

【练法】

1. 右腿在前，右肘前挑心窝。（图8-22）

2. 右爪顺势向前扑按鼻梁。（图8-23）

图8-23

3. 两脚换步，左肘前挑心窝。（图8-24）
4. 随之，左爪扑按鼻梁。（图8-25）

图8-24　　　　　　　图8-25

十二、插腋

【练法】

右腿在前,两爪由两侧向前抓插两腋。(图8-26)

图8-26

图8-27

十三、掰肋

【练法】

两爪抓击两肋,拇指扣入骨缝。(图8-27)

十四、撩裆

【练法】

1. 出右爪,撩抓裆部。(图8-28)

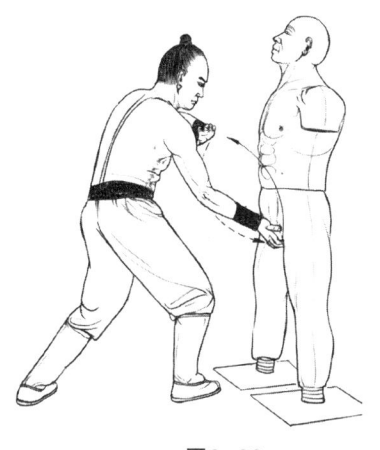

图8-28

2. 收右爪,出左爪撩抓裆部。(图8-29)

图8-29

十五、搬膝

【练法】

1. 潜身,出左爪抓搬左膝。(图8-30)

图8-30

2. 收左爪,出右爪抓搬右膝。(图8-31)

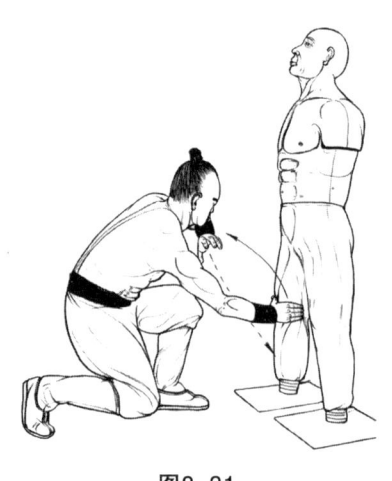

图8-31

十六、搜踝

【练法】

1. 潜身，出左爪抓搜右踝部。（图8-32）

图8-32

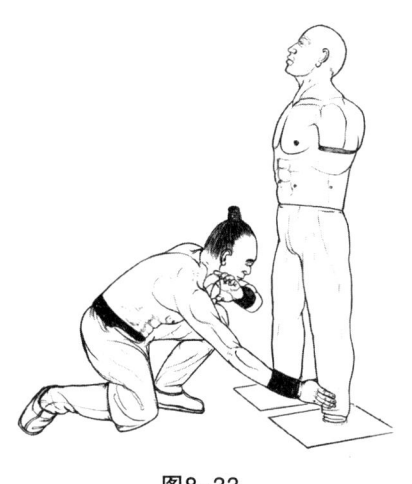

图8-33

2. 收左爪，出右爪抓搜左踝部。（图8-33）

以上十六式，读者要认真操练，熟能生巧，自有妙用。

但不要拘泥，要举一反三，多加体悟，随意发挥，自由变化。

第九章
武当鹰爪玄力功

鹰爪玄力功,也叫"鹰爪意力功",乃武当大力鹰爪功第九类修炼法。

此功练时,以意为主,远距作势;全身舒松,不使明劲;深吸长呼,缓缓行之。所谓"纯以意行,无中生有",乃内功"意想假借"之法,有助于激发潜能,增强内劲。

古谱记载:"爪之着物,其力实,属硬,为阳刚之力。以意发劲,其劲敛,属软,为阴柔之力。先成阳,后习阴,以柔济刚,阴阳相生,软硬兼具。此功练成,阴劲透骨,伤人无形。"

注意,此类武功,属传统旧传,其中是非,读者明辨。

一、双爪敛阴

【练法】

1. 两脚开立,与肩同宽;两掌垂于体侧,自然呼吸。目视前方。(图9-1)

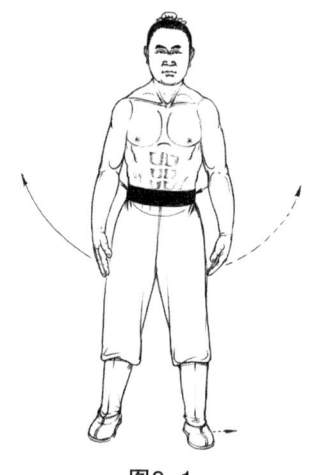

图9-1

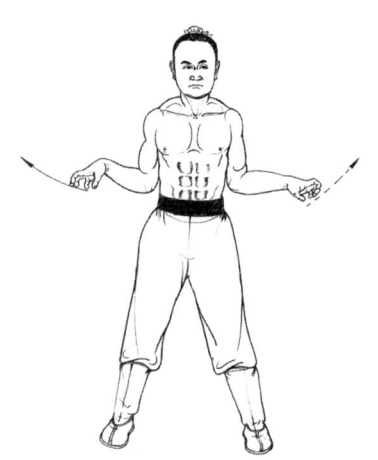

图9-2

2. 深吸气;左脚向左稍移,开步站立;同时,两掌变爪上提,肘尖下垂靠肋,爪心向下,十指微微张开,腕背在上,虎口向前。(图9-2)

第九章 武当鹰爪玄力功

3. 两爪向左右伸开，一字平肩；长呼气。（图9-3）

图9-3

4. 深吸气；两爪虎口领劲，向上展臂扬起，两腕上顶，约与耳平。（图9-4）

图9-4

167

5. 两爪用力向下一抓，展臂平肩，爪心向下；长呼气。（图9-5）

图9-5

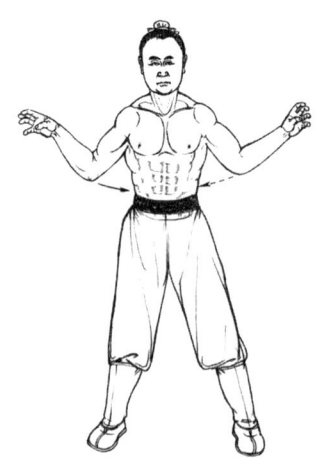

图9-6

6. 深吸气；两爪屈肘里缩。（图9-6）

7. 动作不停，两肘尖下垂，上臂贴于两胁。（图9-7）

两爪再向左右伸开，按上述动作，反复练习6次。

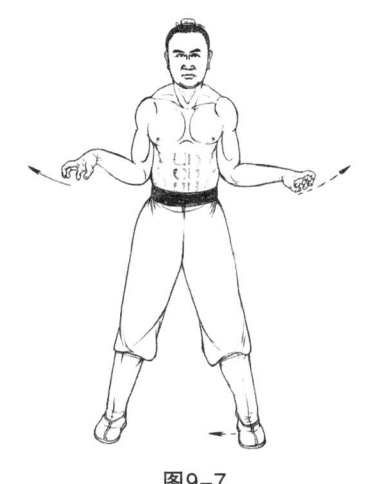

图9-7

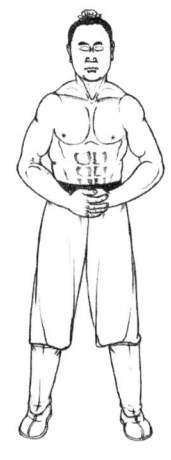

图9-8

8. 然后，左脚略内收，两脚与肩同宽；同时，左掌收抱丹田，右掌抱于左掌。做深呼吸6次。（图9-8）

二、双爪吸珠

【练法】

1. 两脚外开,大开步站立;双掌向前伸出,十指略开,指尖向上,掌根平肩,两肘略屈。目视前方。(图9-9)

图9-9

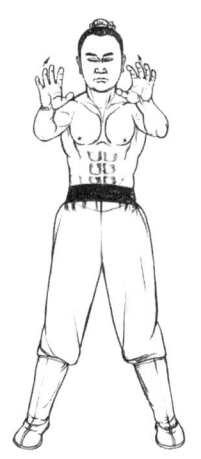

图9-10

2. 定式后,以鼻深吸气;同时,十指缓缓勾屈,手心内含,以意贯劲,感觉力至两爪。(图9-10)

第九章 武当鹰爪玄力功

图9-11

3.两爪松劲,缓缓伸指;长呼气。(图9-11)

上述动作,一吸一呼,为一息,共做6息。

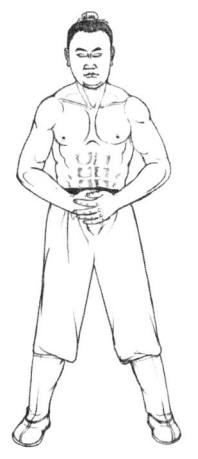

图9-12

4.两掌放下,抱于丹田,左掌在外。做深呼吸6次。(图9-12)

三、探爪采气

【练法】

以左式为例。

于左侧约1米处，点燃蜡烛一根，与肩同高。

开步站立，上身向左，全身舒松；右掌置于丹田；左掌向左探伸而出，掌根平肩，肘部略屈，掌心正对烛焰。

1. 深吸气；五指暗劲抓扣（主要用意，外形不明显，但意念要专一），意想烛烟被爪吸动。

2. 长呼气；意想烛烟被爪放回。

两手交替而行，各练6次，不宜过多，以免伤气。（图9-13）

平时也可按照此法，对着树木、花草、池水等物，两爪远距凭空，进行意力练习。

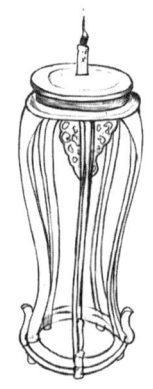

图9-13

四、日精月华

【练法】

早晨向太阳,夜晚对月亮,按照上式"探爪采气"之法,伸出鹰爪,凭空抓拉。伸出时,爪气似罩日月;收回时,意想拉拽动之。(图9-14)

图9-14

第十章
武当鹰拳十三式

武当鹰拳十三式,俗称"山鹰十三式",乃内家鹰拳秘传,动作别致,技法精湛,古朴实用,变化多端。

此套拳法,以"九类鹰爪功"为根,参入鹰爪秘招,进一步增强与完善了鹰爪的灵活性和实战性。

鹰爪功为功，多刚，多力；鹰爪拳为拳，多灵，多变。一功一拳，一刚一灵，一力一变，阴阳相济，相辅相成。

所谓"久练自化，熟极自神"，多练此拳，多加体悟，自然能把功力与攻防融为一体，可有效提高搏击素质，并迅速用于实战。

一、雄鹰出巢（起势）

【练法】

1. 两脚并步正立，两掌垂于体侧。目视前方。（图10-1）

图10-1

图10-2

2. 两掌同时上提，成抱球状，右手在胸，左手在腹，掌心相对，十指稍屈，指尖向外。（图10-2）

3. 左掌上穿至右肩前，右掌内转至左肩前，两臂相交，左内右外，两掌指尖斜向上，掌心向外；同时，两腿屈膝半蹲。目视前方。（图10-3）

图10-3

图10-4

4. 右腿伸直独立，左腿向左前弹踢，约与裆平，脚背绷平，脚尖向前；同时，两掌向下经腹前左右分开，展臂侧举，腕约平耳，拇指张开成八字掌，掌心向下，虎口向前。目视左前方。（图10-4）

5. 右腿屈膝半蹲，左腿屈膝右盘，左小腿外侧搁置于右膝上，身向右转；同时，两掌上举，经面前下落环抱胸前，两腕交叉，指尖斜向上，右外左里，上体略前倾。目视右前方。（图10-5）

图10-5

图10-6

6. 上体向左转动约90°；同时，两掌成鹰爪左右分开，向后上方伸臂展举，约与顶平，虎口向后，爪心向上。头向左转，目视左前方。（图10-6）

7. 左脚向右前侧落步，脚尖外展，右膝跪于左膝后，右脚跟提起，沉身下坐成歇步；同时，上体左旋。目视左后斜上方。（图10-7）

图10-7

图10-8

二、雄鹰转身

【练法】

1. 起身，右转体约180°，两腿伸立，左实右虚，面向右前；同时，右爪向右上直臂托爪，约与胸平，爪心向上；左爪内旋屈肘，向上掳抓于右肩前，爪心向下。目视右爪。（图10-8）

2. 左脚经右脚前向右盖步，右脚随之向前一大步，左腿屈膝半蹲，右腿略屈，成右半马步；同时，右爪屈肘，向下、向后弧形掳抓，至右小腹前，爪心向上；左爪向前下弧形盖压，至右大臂前侧，爪心向右。目视左爪。（图10-9）

图10-9

图10-10

3. 左脚垫步，右脚向前滑出，仍成右半马步；同时，左爪向下弧形盖压，转收护于右肩前，爪心向右；右爪向前、向上旋腕叼抓，置于右膝前，爪心向左。目视右爪。（图10-10）

4. 右脚内收一步，两腿伸立，左实右虚；同时，右爪屈收上提，约与肩平，爪心向上；左爪护肩不变。目视右爪。（图10-11）

图10-11

图10-12

5. 身体右转约180°，两腿屈膝沉身成歇步；同时，右爪向下、向后划弧撩出，约与肩平，手腕勾起，虎口向外；左手护肩。目视右爪。（图10-12）

三、鹰探日月

【练法】

1. 右转身约360°，右脚尖内扣，右膝伸立，左腿屈膝向前提起，成右独立步；同时，右爪向上伸臂抓出，约与顶平，爪心向左，虎口向上；左爪上划，从左向右托接右前臂，迎击有声。目视前方。（图10-13）

图10-13

图10-14

2. 右独立步不变，上体略向前倾；同时，右爪内旋，向前下屈肘掳抓，约与胸平，爪心向下；左手变爪，向前上方直臂探爪，爪心向下，约与鼻平。目视左爪。（图10-14）

3. 左脚向前落步，两腿屈膝半蹲，成左半马步；同时，左爪向下、向里弧形捋抓，继向前上绕行探爪，左肘略屈，爪心向下；右爪向前、向下弧形捋抓，收至左肘下侧，爪心向下。目视左爪。（图10-15）

图10-15

图10-16

4. 重心右移，右腿直立，左腿屈膝上提，成右独立步；同时，上体略右转，两爪向下经腹前向右上绕行，左爪绕至右肩前，爪心向下；右爪绕至体右侧，变掌向右平插，高与肩平，掌心向下。目视右掌。（图10-16）

5. 身向左转；左爪经上向左弧形叼爪，高与胸平，爪心向下；右掌指尖下沉，拇指张开成八字掌，右腕上顶，略高于肩。目视左爪。（图10-17）

图10-17

四、苍鹰盘旋

【练法】

1. 左脚向前落步，右脚绕过左腿向左前弧形上步，两腿伸立；同时，右掌向下、向前、向上直臂穿出，指尖斜向上，高过头顶；上体左转约135°，向右侧倾；左爪变掌，收至右肩前，掌心向下。目视右掌。（图10-18）

图10-18

2．两脚摆扣，向左转体一周；左腿略屈，右腿蹬伸，成左高弓步；同时，右掌翻转下压，掌心向下，指尖斜向上，约与顶平；左掌仍护右肩。目视右掌。（图10-19）

图10-19

图10-20

3．重心右移，两腿屈膝半蹲成马步；同时，右掌向右后下摆，虎口向下，掌心向后，指尖向右，约与肋平；左掌下沉，护于右肋前，指尖向上，掌心向右。目视左斜前方。（图10-20）

4. 右脚收向左脚，两腿屈膝，并步半蹲；同时，体向左转约90°，左掌向上、向左、向前搂手，左臂伸开，掌棱向前，指尖向上，约与顶平；右掌稍提，上体自然前倾。目视左掌。（图10-21）

图10-21

图10-22

5. 左脚外摆，身体左转约90°，两脚仍并步屈蹲；同时，两掌分展左右，左掌稍高过顶，右掌稍高过肩，两掌心向外。目视右方。（图10-22）

6. 右脚向左前上一步，体向左转约90°，重心升起，两腿稍屈；同时，右掌向下、向左、向上弧形搂手，右臂伸开，掌根平肩，指尖斜向上，掌心向前；左掌向上、向右、向下搂手，左臂伸开，掌根平肩，掌心向后，指尖斜向上。目视右掌。（图10-23）

图10-23

五、翻身抓雀

【练法】

1. 身向右转，上体前倾，重心下沉，两腿屈膝半蹲成右歇步；同时，左掌变爪，先划弧至右前侧，继向左外侧展臂，爪心反向上，虎口向后；右掌向右后侧反划展臂，爪心反向上，虎口向后。目视左方。（图10-24）

图10-24

2．身向左上翻转180°，两腿伸立而起；同时，左爪向左上划弧抓去，高过头顶，爪心向左前上方；右爪向下、向右前划弧撩起，爪心向右上方。目视左爪。（图10-25）

图10-25

图10-26

3．左脚后撤一步，前脚掌着地，脚跟稍抬；同时，上体向左转约90°，左爪向后下掳抓，收至胸前，爪心向下；右爪向上、向前立圆绕行掳抓，约与额平，爪心向下。目视右爪。（图10-26）

4. 右爪向后下掳抓，收至腹前，爪心向下；同时，左爪向前上探抓，约与眼平，爪心向下，左肩前顺，上体前倾。目视左爪。（图10-27）

图10-27

六、雄鹰追兔

【练法】

1. 左脚前进一步，随即右转身约180°，右腿屈膝半蹲，左膝沉跪，脚跟抬起，成右跪步；同时，右爪内旋，屈肘向上掳架，高过头顶，爪心向上；左爪外旋，向右盘至右腹侧，爪心向上。头向左转，目视左前方。（图10-28）

图10-28

2. 左脚前上一步，两腿屈膝半蹲，成左半马步；同时，左爪内旋顺势向前抓缠而出，约与肩平，爪心向下，虎口向前；右爪外旋，收于右腰侧，爪心向上。目视左爪。（图10-29）

图10-29

图10-30

3. 左脚尖略外展，上体左转，右脚跟自然抬起（准备上步）；同时，右爪向前抓缠，约与肩平，虎口向前，爪心向下；左爪屈肘，回拉胸前。目视右爪。（图10-30）

4. 右脚向前上步，右腿屈膝，左腿屈跪；同时，左爪向前抓缠，虎口向前，爪心向下，左肩前顺；右爪外旋成拳，屈肘收抱腰间，拳心向上。目视左爪。（图10-31）

图10-31

图10-32

5. 右拳变爪，向前上掏，爪心向上，约与肩平，右肩前顺；左臂屈肘，左爪回拉，收至右上臂内侧。目视右爪。（图10-32）

6. 右脚外展，上体右旋，左爪顺势向前抓出，约与肩平，虎口向上，爪心向前，左肩前顺；右爪内旋，平拉至右肩前，爪心向下。目视左爪。（图10-33）

图10-33

图10-34

7. 右脚内扣，上体略左旋；同时，右爪向前抓出，约与鼻平，爪心向下，虎口向前，右肩前顺；左臂屈肘，左爪下拉，收至右肘下侧，爪心向下。目视右爪。（图10-34）

8. 左膝沉跪，上体右转；同时，右爪向后划弧掳爪，至头额右侧，爪心向外；左爪向前上方推抓，高与嘴平，左臂略屈，爪心向前，虎口向上。目视左爪。（图10-35）

图10-35

七、鹞鹰翻身

【练法】

图10-36

1. 上体左转约180°，两脚右摆，成左弓步；同时，左肘向左捣击，左爪变掌，横于肩前，掌心向下；右爪变掌，直臂伸于右后，约与肩平，掌心向下。目视左前方。（图10-36）

2. 右腿向左上方里合摆踢，脚尖向上，约与顶平；同时，以左掌向上迎拍右脚，击而有声。目视左掌。（图10-37）

图10-37

图10-38

3. 动作不停，上体下俯，右腿顺势向后上立圆摆踢，脚面绷平，脚尖斜向上；同时，右掌向前下摆，右臂伸开，指尖向下；左掌向下、向后立圆摆起，置于胯后，指尖向上，左臂伸开。目视前下。（图10-38）

4. 右脚向前收落，经左腿前向左盖步，两腿屈膝全蹲，成右歇步；同时，右掌变爪，收于右腰，爪心向下；左掌变爪，从左肋向前叼爪，约与肩平，爪心向下，虎口向前。目视左爪。（图10-39）

图10-39

图10-40

5. 左脚向前上步，屈膝半蹲，右腿沉跪；同时，右爪向前叼爪，约与肩平，虎口向前，爪心向下；左爪横肘收至右肘下方，虎口向右，爪心向下。目视右爪。（图10-40）

6. 上体右转；右爪向下经两腿前向右上反撩，右爪心向上，腕节勾起，约与胸平；左爪上提，至右胸前，爪心向右，虎口向里。目视右爪。（图10-41）

图10-41

八、鹰落平沙

图10-42

【练法】

1. 起身左转，右脚向左垫步，左脚前伸，脚尖点地，两腿伸开；同时，右臂屈肘，掳爪于右腮侧，爪心向外；左爪向上托爪，约与肩平，爪心向上，虎口向前，左肩前顺。目视左爪。（图10-42）

2. 右垫步，左脚前滑，右腿屈膝全蹲，左腿伸直，成左仆步；同时，两爪变掌，右掌向右划弧，继翻臂穿掌，掌背向右，指尖向上；左掌向右上绕行，屈肘护于右肩前，掌心向右，指尖向上。目视左前下方。（图10-43）

图10-43

图10-44

3．重心左移，两腿直起，右脚向左挪移半步，继向左后转约180°，两腿交叉；同时，左掌向上、向左绕行，屈肘收至左腰侧，掌心向上；右掌向下经体前直臂绕举，至头右上方，掌背向后，指尖向左。目视左后侧方。（图10-44）

4. 右脚前跨一步，左腿屈膝全蹲，右腿伸直，成右仆步；同时，右掌向左、向下、向右划弧，至直臂穿掌于右脚后上方，掌心向外，指尖斜向前；左掌向左上直臂穿掌，高过头顶，虎口向下。目视右掌。（图10-45）

图10-45

5. 重心右移，右腿屈膝半蹲，左腿蹬伸成右弓步；同时，右掌向上插出，约与肩平，掌心向下；左掌顺势下落，高与腰平。目视右掌。（图10-46）

图10-46

6. 头部向右、向下、向左、向上弧形转动,至左前上方时昂头,身向左转,两腿成左仆步;同时,右掌斜举于右侧上方,掌心向外,指尖向左,高过头顶;左掌顺势反摆于左侧,后翻勾掌,指尖向后斜上方,约与腰平。目视左前方。(图10-47)

图10-47

图10-48

九、雄鹰腾空

【练法】

1. 右腿伸膝立身,左腿内收,屈膝提起,成右独立步;两手展臂姿势不变。目视左前方。(图10-48)

2. 两手不变；左脚向前、向里弧形落步；右脚紧跟，向前弧形绕步。两脚交替而行，共6步（视场地而限，也可绕场一周，行走太极八卦图），动作快捷。（图10-49~图10-54）

图10-49　　　　　　　图10-50

图10-51　　　　　　　图10-52

第十章　武当鹰拳十三式

图10-53

图10-54

3. 当绕步至第6步时，右脚停住，身体右转约90°，左脚上于右脚内侧并步，两腿屈膝半蹲；同时，两掌内收，两臂交叉胸前，左内右外，指尖斜向上，掌心向里。目视前方。（图10-55）

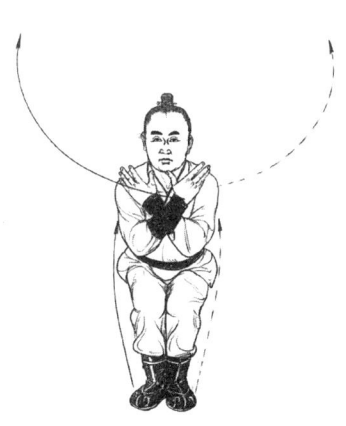

图10-55

4．两脚猛力蹬地跳起，身体向上腾空，两腿屈膝高抬；同时，两掌向上分展，约与肩平，两腕上顶，掌心向下。目视前方。（图10-56）

图10-56

5．两脚下落，左右分开，右腿屈膝半蹲，左膝跪地，成右跪步；同时，左掌变爪，向前锁扣，爪心向前，虎口向上，约与裆平；右掌变爪，收至右腰侧，爪心向下，上体自然前倾。目视左爪。（图10-57）

图10-57

十、老鹰撕爪

【练法】

1. 向左转身,左脚踏实,右膝沉跪,成左跪步;同时,右爪向左前下撩爪,约与裆平,爪心向上,虎口向右;左爪成掌,迎拍右前臂。目视右爪。(图10-58)

图10-58

图10-59

2. 右脚跟落地,重心后移,左脚向内收步,成左高虚步;同时,左掌成爪,向前旋指扣抓,约与裆平,爪心向前,虎口向左;右爪上收左肩前,虎口向下,爪心向前。目视左下方。(图10-59)

3. 重心下沉，两爪旋转同时下抓，爪心向下，虎口向里，左爪约与胸平，右爪置于左肘下侧。目视左爪。（图10-60）

图10-60

图10-61

4. 左脚稍向前移，右腿蹬伸，成左弓步；同时，右爪直臂前伸，虎口向前，约与肩平，爪心向下；左爪内收于右肘下侧，虎口向内，爪心向下。目视右爪。（图10-61）

十一、苍鹰抖翼

【练法】

1. 向右转体约180°，两腿成横裆步；右爪变掌，向上、向右直臂立圆绕摆，约与顶平，指尖向上，掌心向右；左爪向左伸出，约与耳平，爪心向下。目视右掌。（图10-62）

图10-62

图10-63

2．左脚里扣，两腿立起；同时，右掌下落，收至右腹前侧，掌心向上，虎口向前；左爪变掌向上、向右立圆绕行，下按于右肩前方，左肘稍屈，掌心向下，指尖向右，两掌似抱球状。目视左掌。（图10-63）

3．右掌向前上直臂穿出，掌心向上，指尖向前，约与眼平；左掌下盖，横掌于右肘内侧，掌心向下，指尖向右；同时，右脚略向前移，右腿屈膝前弓，左腿蹬伸成右弓步。目视右掌。（图10-64）

图10-64

图10-65

4．左脚向右腿后侧插步，脚跟提起，脚尖点地；上体迅疾左转，右脚里摆，两腿伸立；同时，右掌向下、向上直臂立圆绕举，至高过头顶，指尖向上；左掌移至右腋下方，掌心向右。目视右掌。（图10-65）

5. 向左后转身约180°，左脚跟落地，右脚尖里摆，右脚跟抬起；同时，右掌向下、向后绕摆，至右胯侧，右臂伸开，指尖向下，掌心向左；左掌向上、向前绕摆，至头左上方，左臂伸开，指尖向上，掌心向右。目视前方。（图10-66）

图10-66

图10-67

6. 左脚向前一步，上体前倾，右脚随之后伸抬起，脚尖向下，高于左膝；同时，左掌变爪，向前抓落，拉于腰间，爪心向前；右掌变爪，向上、向前翻转抓下，约与肩平，爪心向下。目视右爪。（图10-67）

7. 动作不停，右脚向后下落，左脚迅疾内收，震脚于右脚内侧，两腿并步，屈膝半蹲；同时，右爪下掳，收至右腰侧；左爪向前叼抓，约与肩平，左肘略屈，虎口向前。目视左爪。（图10-68）

图10-68

图10-69

8. 左脚向前一步，身体稍起，成左虚步；同时，左爪向下掳抓，收至腰侧，爪心向前；右爪向前叼抓，约与肩平，右肘略屈，爪心向下，虎口向前。目视右爪。（图10-69）

十二、雄鹰扑食

【练法】

1. 右脚尖外展,向右斜上半步,重心右移,右膝略屈;左脚尖自然里扣,左腿伸直;同时,左爪变掌,向左前下方反臂划伸,指尖向下,掌心向后,约与胯平;右爪变掌,向右上划摆,高过头顶,掌心向右,指尖向上。目视左下方。(图10-70)

2. 体向左转约90°,右腿向上、向左里合摆踢,脚腕勾起;同时,左掌向上迎拍右脚,击而有声。目视右脚。(图10-71)

图10-70

图10-71

3. 右脚向前落步，左腿屈膝提起，成右独立步；同时，两手变爪，伸臂举于头顶前上方，两肘略屈，两腕上顶，两爪心向下，虎口相对。目视前方。（图10-72）

图10-72

图10-73

4. 左脚向前落步，两腿屈蹲，成左虚步；同时，两爪随落步沉身向前扑抓而下，约与胸平，上体略前倾。目视两爪。（图10-73）

5. 左脚向前一步，成左弓步；同时，两爪向前上伸臂抓出，爪心斜相对，右爪约与顶平，左爪约与眼平。目视左爪。（图10-74）

图10-74

6. 两爪变掌，按地于左脚内侧；同时，右腿向后擦地扫转约180°。扭头，目视右脚。（图10-75）

图10-75

十三、夜鹰归巢

【练法】

1. 起身右转约90°，右脚向右后侧退一大步，右膝略屈，左腿伸开；同时，两掌提起，相叠身前，右下左上，两臂稍屈，掌心向上，掌根平肩。目视两掌。（图10-76）

图10-76

图10-77

2. 左脚收向右脚，脚尖点地，两腿屈膝成左丁步；同时，左掌内旋向前直臂推摆，指尖向上，掌心向前；右臂内旋，向后撩伸，腕部勾屈，指尖向上。目视左掌。（图10-77）

3．上体左转约90°，两掌变爪直臂摆绕，右爪摆绕至头右后上方，爪心反向上；左爪旋摆至左肩侧后方，爪心反向上。头向左转，目视左方。（图10-78）

图10-78

图10-79

4．左脚向左前方跨出一步，屈膝半蹲，右腿蹬伸，成左弓步；同时，两爪外旋变掌，经两腰侧翻转，向前上直臂穿插，掌心向上。目视前方。（图10-79）

5．重心后移，体向右转约180°，左脚尖内扣，左脚跟抬起；右脚尖略外展，两腿屈膝；同时，两掌左右平摆，稍微下沉，两臂略屈，掌心向上。目视左掌。（图10-80）

图10-80

6. 上体左转约90°，右脚尖内扣，左脚跟落地，左脚尖外摆，两腿屈膝半蹲成马步；同时，两掌变爪，收拢腹前，右下左上，成抱球状。目视左爪。（图10-81）

图10-81

图10-82

7. 右脚收向左脚，并步立起；同时，两爪划弧绕转，仍成抱球状。右爪由小腹上移胸前，爪心向下；左掌由上腹下移小腹，爪心向上。目视右爪。（图10-82）

8. 右爪变掌，弧形下落，至小腹前外旋，使掌心向上；左爪变掌，内旋下沉，使两掌心相贴。然后，垂帘含目，调息片刻。（图10-83）

图10-83

图10-84

9. 两掌下落，垂于体侧；全身放松，全套收势。（图10-84）

第十一章

鹰爪追魂十八手

本章十八手,乃武当鹰爪功用于技击的实用战例,是历代鹰拳高手实战的经验总结,攻防兼备,杀伤强烈。

假如不懂鹰爪攻防,对敌之时必然不知怎样打拿防化,虽有大力在手,也很难克敌制胜。所以一定要练好这

些招法，方可一招制敌。

　　手手追魂，虽是防身绝技，但抓拿要害，过于凶险，不得轻用，读者注意！

一、格臂锁喉

【练法】

1. 敌右进步，右拳击我面门。我略向右偏身，右手上提，右臂外格，将敌劲化于外门。（图11-1）

图11-1

图11-2

2. 随即，我右臂滚压敌右臂，右爪顺势前伸抓锁敌之咽喉；同时，右脚上步于敌右脚后侧。（图11-2）

3. 动作不停，我重心下沉，两脚后滑；同时，右爪抖劲回拉，伤敌咽喉。（图11-3）

图11-3

二、拍腕扣腮

【练法】

1. 敌右进步，左拳击我面部。我右偏身，左爪抓压敌左臂，化解敌拳。（图11-4）

图11-4

2. 随即，我右脚上步，右爪抓扣敌左腮。（图11-5）

图11-5

图11-6

3. 扣指发力，向后猛抖，抓伤敌腮。（图11-6）

三、压臂插眼

【练法】

1. 敌右进步，右拳冲我腹部。我略吞身，左臂下压，向外化力，破解敌拳。（图11-7）

图11-7

图11-8

2. 随即，我上步左弓，右爪以食、中二指扣敌双目。（图11-8）

3. 我右爪猛然一插，伤敌眼球。（图11-9）

图11-9

四、抓拽锁骨

【练法】

1. 敌左进步，左拳冲我胸部。我右手上挑，右臂外格，化解敌招。（图11-10）

图11-10

2. 随即,我右脚上步于敌裆下,马步沉身,右肘顶击敌左肋。(图11-11)

图11-11

图11-12

3. 下惊上取,我右爪乘机上翻,抓敌左颈下之锁骨,发力挣抖,致其伤痛。(图11-12)

五、扭臂断肘

【练法】

1. 敌右进步，右拳冲我面部。我右手上挑，格敌右腕，阻截其拳。（图11-13）

图11-13

2. 随即，我右爪抓拿敌右腕，左爪托抓敌右肘。（图11-14）

图11-14

第十一章 鹰爪追魂十八手

3. 动作不停，我两爪向里旋扭，使其臂后翻，顺势以左手下压敌肘，致其断折。（图11-15）

图11-15

图11-16

六、托臂掰肋

【练法】

1. 敌左进步，左拳冲我面部。我沉身扭步，抬右爪托接敌左腕，卸化敌劲。（图11-16）

2．随即，我左爪抓敌左肋，以拇指上扣敌软肋骨棱。（图11-17）

图11-17

3．动作不停，我右脚退步，左爪猛然抖劲扯掰，致敌肋断。（图11-18）

图11-18

七、架臂扯裆

【练法】

1. 敌右进步，右拳冲我面部。我吞身，右爪上起托接敌右腕，拦截敌拳。（图11-19）

图11-19

图11-20

2. 随即，我左手上翻，向外架格敌右臂；同时，我右爪撩抓敌裆部。（图11-20）

3. 动作不停，我右爪猛然发力拉扯，伤敌裆部。（图11-21）

图11-21

八、闪按脑勺

【练法】

1. 敌右进步，左拳冲我面部。我向后撤身，避敌锋芒。（图11-22）

图11-22

2. 随即，我左脚向右前绕步，右脚紧跟，转身于敌左后；同时，右爪抓敌头后，以拇指扣敌后脑勺下按。既可致敌头晕眼花，也可致其前扑栽地。（图11-23）

图11-23

图11-24

九、转身掏肛

【练法】

1. 敌右进步，右拳打我面部。我向左闪身，进敌右侧之后；同时，右爪抓敌右肘，向下拽拉。（图11-24）

2. 动作不停,我左爪掏扣敌肛,向上猛提,致其剧疼,伤敌尾骨,也可致其前栽。(图11-25)

图11-25

十、下潜拽裆

【练法】

1. 敌进步,左踹腿踢击我胸部。我向后撤身,避敌锋芒,起左爪托接敌左脚跟。(图11-26)

图11-26

2. 敌猛收左腿，起右腿横扫我头部而来。我见敌势猛，迅疾沉身，下潜避过。（图11-27）

图11-27

图11-28

3. 随即，我右跪步，前探身，左掌上架，右爪抓敌裆部。（图11-28）

4. 动作不停，我右爪抓紧敌阴部，退步猛力后拽，致敌重伤。（图11-29）

图11-29

图11-30

十一、格腿拿穴

【练法】

1. 敌进左步，右横扫腿踢我头部。我向前进身，屈左臂阻截敌腿。（图11-30）

2．动作不停，我右爪前伸抓敌太阳穴，拇指扣其右穴，食、中二指扣敌左穴，发力拿扣，致敌晕厥。（图11-31）

图11-31

十二、游身捞裆

图11-32

【练法】

1．敌右进步直扑而来，右拳冲我胸部。我见敌来势凶猛，左闪身绕步于敌身后。（图11-32）

2. 随即，我左脚上步，向右转身，右爪捞抓敌裆部。（图11-33）

图11-33

3. 动作不停，我两腿伸立起身；同时，右爪用力扣阴，向上提起。轻则致敌剧疼，重则致其昏晕。（图11-34）

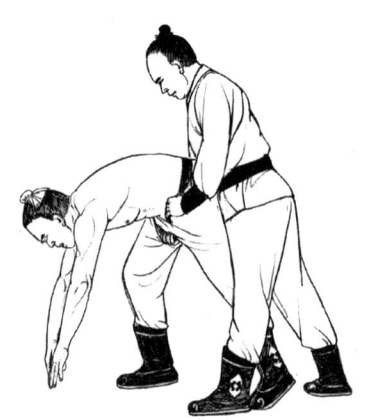

图11-34

十三、锁喉旋摔

【练法】

1. 敌右进步，右拳冲我面部。我左手上提，左臂外格，化解敌拳。（图11-35）

图11-35

2. 随即，我左爪抓拿敌右腕；同时，右脚进步，右爪去卡敌之咽喉。（图11-36）

图11-36

3. 动作不停,我左脚插步,向左转身;同时,左手向下拽拉敌右腕,右爪锁紧敌咽喉向左扒拉,将敌旋摔在地。(图11-37)

4. 我右爪锁喉不放,下按内扣,致敌窒息。

图11-37

十四、双抓断肋

【练法】

1. 敌右脚抢步上前,双拳贯我耳门。我两手迅疾上挑而起,分格敌臂内侧,阻截敌拳。(图11-38)

图11-38

2. 随即，我左脚前滑；同时，两臂向左右抖劲分崩，两爪向前下伸出，抓敌两肋之角，两拇指分别扣入敌软肋骨缝。（图11-39）

图11-39

图11-40

3. 动作不停，我两爪猛然旋转拉掰，以硬劲断敌肋骨。（图11-40）

十五、抓腋压肩

【练法】

1. 敌右进步,右拳冲我面部。我右手上挑,格敌小臂,化解敌拳。(图11-41)

图11-41

图11-42

2. 随即,我右爪抓敌右腕,左爪向前抓敌右腋,拇指扣其极泉穴,余四指扣其腋后肌肉。(图11-42)

3. 动作不停，我右爪向右旋拧，左爪向前盘压，擒敌右肩，致其跪伏。（图11-43）

图11-43

十六、提裆推喉

【练法】

1. 敌右进步，右拳冲我面部。我向后吞身，右手上划，格敌右拳，阻截敌劲。（图11-44）

图11-44

2. 随即，我两脚急进，右爪抓敌右臂，左爪反锁敌裆。（图11-45）

图11-45

图11-46

3. 动作不停，我左步前滑；同时，右爪锁敌咽喉。两爪同时发威，右爪上锁前推，左爪下锁上拉，将敌重创。（图11-46）

十七、扑面破瓜

【练法】

1. 敌右进步，右拳冲我胸部。我向后吞身，左掌上挑，格敌右臂。（图11-47）

图11-47

图11-48

2. 随即，我左掌外翻，旋抓敌右腕；同时，右脚上步，向左旋身；右爪扑抓敌脸。（图11-48）

3. 动作不停,我左脚向后插步,向左转身;同时,左手拉其腕,右爪推其颔,将敌旋摔于地。(图11-49)

4. 可再以右爪,连环发劲,抓插敌眼睛,或抓砸敌鼻子,致其重伤不起。

图11-49

十八、捞膝按颈

【练法】

1. 敌左进步,猛扑身,右拳冲我面部。我向左迅疾闪身,避过敌拳;左手顺势前伸,抓敌右膝。(图11-50)

图11-50

2. 动作不停,我迅疾右转,左爪抓敌右膝向上捞起;同时,右爪抓敌后颈,猛力下按,致其前扑而跌。(图11-51)

图11-51